합법적으로 세금안내는 110가지 방법

21년 연속 베스트셀러! 2025년판 기업편

합법적으로 세금안내는 110가지 방법

"절세를 알아야
부자가 될 수 있다"

세무사 **신방수** 지음

아라크네

절세 전략 잘 세워
부자 되세요!

여기저기서 세금이라는 말을 들으면 언뜻 '그게 나와 무슨 상관이 있어?' 하는 생각이 들지도 모릅니다. 하지만 우리는 생활 곳곳에서 원하든 원하지 않든 세금과 마주치게 됩니다.

아침에 일어나 모닝커피 한잔을 마실 때부터 시작해 부동산을 사고 팔 때, 월급을 받을 때, 사업을 할 때 등 세금을 빼놓고는 그 어떤 경제 활동도 할 수 없습니다.

또한 세금은 자산 증식에 아주 큰 영향을 미칩니다. 주위를 둘러보십시오. 소득 수준이 비슷한데도 누구는 부자 소리를 들으며 사는가 하면, 누구는 하루하루를 빠듯하게 살아갑니다. 또 시세가 비슷한 부동산을 소유하고 있으면서도 세금을 수천만 원 더 낸 사람들도 있습니다.

왜 이런 차이가 생길까요? 잘 살펴보면 한 가지 공통점을 찾을 수 있습니다.

부자들은 모두 절세 방법을 잘 알고 있다는 점입니다. 똑같은 샐러리맨이라고 해도 연말정산을 누가 얼마나 더 꼼꼼히 챙기느냐에 따라 환급받는 세금이 한 달 월급만큼 차이가 나기도 합니다. 마찬가지로 비슷한 규모의 기업체를 운영하는 사장님들도 회계나 세무 처리를 얼마나 잘 하느냐에 따라 힘들게 번 재산을 지킬 수도, 못 지킬 수도 있습니다.

부동산도 마찬가지입니다. 특히 부동산 세금은 거미줄처럼 얽혀 있어서 첫 실마리를 잘 풀어야 재산을 지킬 수 있습니다. 실제로 투자 수익률이 높은 사람들은 세금을 자유자재로 다룹니다.

이렇듯 튼튼한 방어벽을 쳐 세금이 빠져나갈 틈 없이 소득 관리를 할 때 비로소 부자의 길에 들어서게 됩니다. 세금에 무지한 나머지 무방비 상태로 있다 보면 그동안 공들여 쌓아 놓은 재산이 어느 순간 세금으로 뒤바뀌어 버리는 어이없는 경험을 맛보게 될 것입니다.

이 책 『기업편』에서는 주인공 이대박이 회사를 박차고 나와서 창업을 한 이후에 부닥치는 다양한 세무 문제를 우리나라 최고의 세무 전문가인 고단수 세무사와 풀어 가는 과정을 그리고 있습니다.

창업 초기에 알아야 할 사업자등록과 각종 세금의 원리는 물론이고 절세 구조를 익힐 수 있도록 실무에서 필요한 정보만을 선정해 수록했습니다. 이후 본격적으로 사업을 일궈 나가며 발생하는 경비 처리나 영수증 문제는 물론 직원 채용에 따른 인건비 신고는 어떻게 해야 하고, 또 부가가치세는 어떻게 결정되고 어떤 식으로 신고하는지 등을 현실감 있게 다루었습니다. 또한 일 년 동안 지은 농사를 어떻게 결산하고, 이익에 대해 내는 세금인 종합소득세를 어떤 식으로 다뤄야 절세할 수 있는지를 심도 있게 다루었습니다. 그런데 말입니다. 개인으로 사업을 하다 보면 소득세율이 상당히 높기 때문에 법인으로 운영하고 싶은 마음이 자연스럽게 생기게 됩니다. 이 과정에서 법인 전환에 대한 정보가 필요할 것입니다. 한편 사업이 성장기에 들어가면 굉장히 많은 세무리스크가 생기게 됩니다. 세무회계상 오류와 잘못된 관행이 계속 누적되다 보니 리스크가 점증되는 것이죠. 회사를 탄탄하게 만들고 싶은 오너라면 이러한 세무리스크를 잘 관리하는 것이 필요할 겁니다. 『기업편』은 이렇게 한 창업자가 회사를 세우고 성장시키는 과정에서 부닥치는 다양한 세무회계 처리법을 다루고 있습니다. 시간의 흐름에 따른 사업자의 관점에서 필요한 정보만을 다루었기 때문에 사업 전에 반드시 읽어야 하는 책이기도 합니다.

지금껏 세금 문제를 다룬 책은 많았습니다. 하지만 저는 이 책을 포함한 〈합법적으로 세금 안 내는 110가지 방법〉 시리즈인 『개인편』 『부동산편』이 기존의 다른 책들과는 내용적인 면에서 한 걸음 더 앞서 있다고 자신합니다.

월급생활자나 자영사업자로서 세테크에 첫 발을 내딛는 분들은 물론이고 자산관리 업무에 종사하시는 분들 모두 이 책들에서 원하던 절세 전략을 찾으실 수 있으리라 확신합니다. 특히 금융권이나 부동산 관련업 그리고 창업 등 사업 컨설팅에 종사하는 분들에게 살아 있는 컨설팅 자료로도 충분할 만큼 다양한 사례와 구체적인 방법들이 가득 담겨 있습니다.

마지막으로 이 책을 내도록 독려해 주신 아라크네 사장님과 책 출간으로 밤늦게까지 고생한 편집부 여러분 모두에게 감사드립니다. 그리고 남편 뒷바라지에 힘들었을 아내와 자신의 삶을 개척하기 위해 고군분투하고 있는 사랑하는 딸 하영이와 주영이에게 이 지면을 통해 깊은 감사의 마음을 전하고 싶습니다.

신방수(세무사)

차례

chapter 01 창업할 때 이런 점에 주의하라

chapter 02 세금 팍팍 줄여 주는 비용 처리법

chapter 06 종합소득세 이렇게 절세한다

chapter 07 개인과 법인, 무엇이 좋을까?

등장인물 소개

이대박
왕초보 사장. 폼생디자인사를 창업한 뒤 사업과 세금 지식을
열심히 배우고 있다.

고단수
든든세무법인의 간판급 세무사이자 이대박의 든든한 세무
카운슬러. 많은 이들이 고심하는 세금 문제에 언제나 명쾌한
답을 내려 주는 해결사 역할을 한다.

chapter

01

창업할 때
이런 점에 주의하라

사업자등록,
혼자서도 할 수 있다

　회사에 사표를 낸 이대박은 곧바로 동생인 이절세를 만나 사업에 관한 이야기를 나누었다. 이절세는 지금 한 금융회사에서 PB(Private Banking) 팀장으로 일하는 데다가 사업과 관련된 세금을 잘 알고 있었기에 재테크와 세테크라면 어느 누구보다 자신 있었다.

　"형, 잘했어. 형이 세운 목표를 달성하려면 사업밖에 없지. 형 성격에 가만히 앉아서 돈 버는 건 싫어하잖아. 이리 뛰고 저리 뛰어서 움직여야 살맛 나고……."

　"그래. 네 말대로 나같이 움직이는 거 좋아하는 사람이 땅 투기다 집 투기다 하는 것은 어울리지 않지. 한번 열심히 해 보련다. 앞으로 네 도움이 많이 필요할 거다."

"그나저나 사업 준비는 잘 돼 가?"

"업종과 아이템은 정했어. 근데 그다음부터는 사실 어떤 것을 준비해야 할지 감이 안 와."

"그럼 내가 대략적으로 설명해 줄게. 먼저 사업 아이템을 정했다면 그 사업이 타당한지 분석하고 사업 계획을 짜야겠지? 사업계획서를 만들 때는 회사 형태를 개인으로 할 것인지, 법인으로 할 것인지도 결정해야 해. 또 그에 따른 조직을 갖추고, 마케팅을 어떻게 할 것인지, 직원을 얼마나 뽑을 것인지 검토해야겠지."

"나는 그저 아이템을 정하고 사무실 얻어서 직원 채용하면 회사가 대충은 굴러갈 거라고 생각했었는데, 그것을 움직이는 소프트웨어가 중요하다는 생각이 드는구나."

"맞아, 형. 아무리 번쩍번쩍 빛나는 건물에서 갖출 건 다 갖추고 있더라도 내용이 부실하면 금방 무너지고 말아. 그러니 소프트웨어를 잘 만들어야지."

"참, 사업자등록은 언제 하니? 그리고 회계와 세무 업무는 어떻게 해야 되냐?"

"사업자등록은 사업 개시 전에도 가능해. 등록하는 건 아주 간단하니까 너무 걱정하지 마. 참, 회계와 세무 업무는 어떻게 한담? 아내가 전에 세무법인에 다녀서 잘할 텐데 요즘 애들 뒷바라지하느라 정신이 없어서 부탁할 수도 없고……. 참, 아내가 다녔던 회사에 아주 유능한 세무사 선생이 한 분 계셔. 그분을 소개시켜 주면 되겠네."

"그럼 나야 좋지. 역시 하나밖에 없는 동생 덕택에 걱정 덜었네. 고마워."

이대박이 운영할 회사의 개업일은 1월 15일.

앞으로 10일 정도의 시간이 남아 있다. 그 기간 안에 사업자등록증을 내고 막바지 작업에 박차를 가하기로 했다. 개업 준비라야 사무실을 정리하고 가까운 사람들에게 개업 소식을 알리는 것이었다.

오늘은 관리를 담당할 직원을 면접 보기로 한 날이다. 동종업계에서 근무한 경력이 있고 회사에 잘 적응할 것 같아 마음속에 담아 둔 사람이었다.

'이제 거의 모든 것이 준비되었군. 오전에는 면접 보고 오후에는 사업자등록을 해야지, 저녁에는 누굴 만나기로 했더라……. 아휴, 바쁘다 바빠.'

개업을 열흘 앞둔 이대박의 하루는 그야말로 눈 깜짝할 새 없이 지나갔다.

이대박은 사업자등록 신청에 필요한 것들을 챙겨 둘 생각에 동생이 소개시켜 준 고단수 세무사에게 전화를 걸었다.

"고 세무사님, 안녕하십니까?"

"절세 씨를 통해 가끔 소식을 전해 들었습니다. 사업 준비는 잘되고 있습니까? 미리 인사를 드렸어야 했는데 이제야 연락을 드립니다."

"괜찮습니다. 덕분에 준비는 잘되고 있습니다. 그런데 사업자등록을 하려고 하는데 어떻게 해야 하는지 도통 알 수 없어서요."

"직접 하시게요? 저희가 도와드릴게요."

"폐를 끼쳐도 될까요? 세무사님께서 해 주시면 저야 한시름 덜죠. 하하하."

사업자등록을 할 때 필요한 서류와 절차

사업자등록은 원칙적으로 사업 개시일(제조를 개시한 날, 기타의 사업은 재화나 용역을 공급한 날)로부터 20일 안에 신청해야 한다. 하지만 사업을 준비하는 과정에서 발생한 매입 부가가치세를 공제해 주기 위해서 사업을 개시하기 전에도 신청이 가능하도록 하고 있다. 사업자등록을 할 때는 사업자등록신청서(서식은 국세청 홈페이지에서 다운받아 사용하거나 민원실에서 무료로 배부), 신분증, 도장을 지참하고 다음의 서류를 첨부하여 제출하면 된다. 만약 대리인이 신청하는 경우에는 추가로 위임장이 필요하다.

- **사업장을 임차한 경우**: 임대차계약서 사본 1부
- **허가받아야 할 사업의 경우**: 사업허가증 사본 1부(단, 사업허가 전에 등록할 경우에는 사업허가신청서 사본이나 사업계획서를 첨부)
- **2인 이상이 공동으로 사업하는 경우**: 공동사업 사실을 증명할 수 있는 서류(인감증명이나 공증이 되어 있는 동업계약서 첨부)

이대박은 사업 초기에는 법인이 아니라 개인기업 형태로 운영하고 추후 매출액이 목표치를 넘었을 때 법인으로 전환하기로 결정했다. 그래서 당장 사업자등록 신청에 필요한 서류는 임대차계약서 사본 1부 정도였다. 물론 해당 업종이 관할 구청에 인·허가를 받아야 하는 경우에는 그에 대한 허가증을 준비해야 된다.

사업자등록은 사업과 사업자에 관한 사항을 과세당국의 대장에 기록하는 것을 뜻한다. 따라서 사업자등록을 하면 그에 따른 세법상 의무가 생긴다. 과세당국은 사업자등록번호를 기준으로 세원 관리를 하게 된다. 동일한 사람이 폐업했다가 다시 개업할 때 번호를 사용하도록 되어 있다.

한편 사업자등록을 신청하기 전에 다음과 같은 사항들을 유의하자. 사업자등록은 기업의 기본 자료가 입력되고 향후 세금을 낼 때도 큰 영향을 주므로 대충 써서 신고할 것이 아니다.

가끔 사업자등록을 하지 않고 사업하는 사람들이 있다. 만일 그 사실이 발각되면 미등록 가산세(개인·법인 불문 1%, 단 간이과세자는 0.5%), 등록 신청 전 매입세액의 불공제, 벌금 또는 과료에 처해질 수 있다. 그중 미등록 가산세와 매입세액 불공제는 불이익 내용이 매우 심각하므로 반드시 사업자등록을 하는 것이 상책이다.

업종 선택에 따라 세금이 왔다 갔다 한다

사업자등록신청서를 작성할 때 업태와 종목(이 둘을 줄여 '업종'이라 한다)을 점검해야 한다. 그 이유는 업종 선택에 따라 세무조사 강도나 기준(단순)경비율 등이 다르고 세금이 다르기 때문이다. 국세청 홈택스(www.hometax.go.kr)의 기준경비율란을 검색해 보면 금방 해결되는 문제다.

예를 들어, 입시학원인 경우를 살펴보자. 입시학원의 업태는 '교육서비스업'이며 종목은 세세분류인 '일반 교과학원'이다. 따라서 이 업종이 사업자등록증에 기재된다.

80. 교육서비스업

코드번호	종목		적용 범위 및 기준	단순경비율	기준경비율
	세분류	세세분류			
809005	일반 교습학원	일반 교과학원	입시학원 보습학원	80.0	22.5

단순경비율은 영세사업자가 장부를 기장하지 않을 때 경비를 측정하기 위한 것이다. 기준경비율은 비교적 규모가 큰 사업자가 장부를 기장하지 않은 경우에 적용된다. 이러한 경비율은 앞으로 소득을 신고할 때 신고 수준을 가늠할 수 있는 수단이 되어 아주 요긴하게 사용된다. 그러므로 적어도 자신이 속한 업종의 경비율이 얼마인지 정도는 알고 있어야 하지 않을까?

일반적으로 부가가치가 높은 업종인 경우 경비율이 낮다. 경비율이 낮다는 것은 반대로 소득률이 높음을 뜻한다. 위 학원의 경우 학원 매출액(세법에서는 이를 수입금액이라고 한다. 이하에서는 같은 의미로 사용한다)의 20.0%(100%-80.0%)는 통상 소득으로 인정되며 나머지 80.0%는 비용에 해당된다고 해석할 수 있다. 한편 주 업종 외에 부수적인 업종이 있으면 추가적으로 사업자등록신청서에 기재하면 된다.

업종의 선택 및 관리는 세금을 신고할 때 유의해야 한다. 사업자등록을 낼 때 신청이 잘못되었거나 세무서에서 잘못 지정했다면 사업자가 바로잡기는 매우 힘들기 때문이다.

'사업자등록 정정신고서'에 사업자등록증을 첨부(분실 시는 없어도 무방)하여 지체 없이 정정신고를 해야 할 경우가 있다. 상호나 법인의 대표자가 변경되는 경우, 상속으로 인하여 사업자 명의가 바뀌는 경우, 공동사업자 구성원 또는 출자지분이 바뀌는 경우, 그 밖에도 사업 종류가 변경되거나 사업장을 이전하는 경우 등이다.

참고로 사업 종류가 변경되는 경우를 살펴보자.

- 사업의 종류를 완전히 다른 종류로 변경할 때(예: 부동산 임대업을 하다가 음식업으로 변경)
- 새로운 사업의 종류를 추가할 때(예: 부동산 임대업만을 하다가 음식업 추가)
- 사업의 종류 중 일부를 폐지할 때

TIP

개인으로 사업할까 법인으로 사업할까

사업을 시작할 때 개인으로 할 것인지 법인으로 할 것인지를 결정하기가 쉽지 않다. 자세한 것은 225쪽을 참조하기 바란다. 참고로 한 사업자(법인 포함)가 여러 개의 사업장을 운영하는 경우 각 사업장별 사업자등록 대신 본점에서만 사업자등록을 할 수 있다. 이를 '사업자단위과세' 제도라고 한다(이에 대한 문의는 저자의 카페에서 할 수 있다).

간이과세자로 신청하면
어떤 점이 좋을까?

드디어 고단수 세무사가 사업자등록신청서를 들고 이대박의 사무실을 찾아왔다.

"와! 사무실이 정말 깔끔하네요. TV 프로그램에 인테리어 전문가들이 출연해 집이나 가게를 예술로 승화시키던데 여기도 그렇네요."

"사실 인테리어를 감상하는 사람들이야 시각적으로 편안하고 깔끔한 것이 중요하겠지만 우리 같은 사람들은 용도에 맞게 사용하는 것도 중요합니다. 좀 신경 썼는데, 세무사님 말씀을 들으니 기분 좋은데요?"

"그나저나 지난번에 제가 요구한 서류는 준비되었습니까?"

"조 대리! 사업자등록신청 서류 좀 갖다 줘요. 그리고 앞으로 우리 회사 회계와 세무 업무를 맡아 주실 세무사님이세요."

"처음 뵙겠습니다. 앞으로 잘 부탁드립니다."

"반갑습니다. 실무는 저희 직원이 담당하겠지만 어려운 일이 있으면 언제든지 연락 주세요. 그러고 보니 조 대리님 인상이 참 좋으시군요. 폼생디자인사의 앞날이 밝다는 생각이 듭니다."

고단수 세무사와 조억만 대리가 인사를 나누고 있는 동안 이대박 사장은 고 세무사가 가져온 사업자등록신청서를 훑어보고 있었다. 그러던 중 한 가지 눈에 띄는 것이 있었다.

"아니! 여기 간이과세자로 해야 되는 것 아닌가요? 간이과세자가 훨씬 유리하다고 들었거든요."

하지만 고단수 세무사는 그렇지 않다고 대답했다. 왜 그랬을까?

일반적으로 개인이 사업을 시작하면 무조건 간이과세자로 신청하는 것이 유리하다. 연간 매출액이 8,000만 원(2024년 7월 1일 이후부터 1억 400만 원으로 상향 조정. 단, 부동산 임대업과 유흥주점업 등은 4,800만 원)에 미달할 것으로 예상되는 간이과세자는 일반과세자에 비해 세금이 아주 미미하다.

다만, 다음과 같은 경우에는 연간 매출액이 1억 400만 원에 미치지 못할 것이 예상되더라도 무조건 일반과세자로 한다.

- 법인이 사업을 하는 경우
- 광업, 제조업(단, 과자점·양복·양장업 등은 간이과세 적용 가능)
- 도매업(도소매업 겸영 시 포함), 부동산 매매업
- 변호사업, 법무사업, 세무사업, 공인회계사업, 건축사업 등

- 직전년도 4,800만 원 이상인 과세유흥장소 및 부동산 임대업 사업자
  (2021년 이후) 등
- 기타 국세청장이 정한 간이과세 배제 기준에 해당되는 사업자

여기서 국세청장이 정한 간이과세 배제 기준은 '종목·부동산 임대업·과세유흥장소·지역 기준'으로 나누어 고시되고 있다.

예를 들면 종목 기준은 주로 서울시, 광역시, 수원·성남·안양·부천·안산시 등 수도권의 일부 지역에서 편의점·시멘트 소매·컴퓨터 소매·피부비만관리·예식장 등의 사업을 영위하면 간이과세를 적용하지 않는다는 것이다.

이대박 사장이 세운 폼생디자인사의 경우에는 개인사업으로 운영되므로 원칙적으로 간이과세를 적용받을 수 있다. 하지만 간이과세 배제 기준의 '종목 기준'에서 서울 지역의 실내장식업은 간이 배제 기준에 해당하므로 결국 일반과세를 적용받게 된다.

이 사장은 자신이 간이과세자에 해당되지 않는다는 걸 알고 다소 맥이 풀렸다. 간이과세자는 세금을 거의 안 낸다는 말을 들었기 때문이다.

"참! 우리 회사 회계와 세무를 어떻게 진행해야 하는지 궁금하네요. 사업자등록번호가 없어서 컴퓨터 구입비 등에 대한 세금계산서도 받을 수 없고, 또 개업하기 전에 들어간 소소한 비용도 어떻게 처리해야 하는지 모르겠어요. 영수증은 무조건 받아 두었지만 말입니다."

"당연히 궁금하셔야지요. 다음 주 중에 우리 사무실 담당자와 조 대리와 함께 만나죠. 그때 세금 상식부터 창업 회계와 세무에 대해 알려 드릴게요."

고단수 세무사는 사업자등록 신청과 관련하여 몇 가지 주의해야 할 점을 이야기했다.

건물주가 월세를 낮춰 쓰자고 한다. 어떻게 할까?

사업장을 빌린 경우, 월세 등을 쓸 때 주의해야 한다. 만약 건물주의 요청에 따라 월세 금액을 낮추거나 보증금으로 기재하는 경우 비용으로 인정받는 부분이 낮아져 세금을 더 내는 결과를 불러온다. 건물주가 세금계산서의 금액을 실제보다 낮은 금액으로 교부해 주어 비용으로 처리할 수 있는 금액이 줄기 때문이다.

예를 들어 월세가 200만 원인데 건물주의 요청으로 100만 원이 기재된 세금계산서를 받았을 때 적용 세율이 38.5%라면 다음과 같이 세금을 추가로 부담하게 된다.

추가로 부담하는 세금 = 월 1,000,000원 × 12개월 × 38.5%
= 연 4,620,000원

건물주가 임대료를 낮추는 대신 계약서상 월세를 낮춰 기재할 것을 요구하거나, 월세가 있는데도 전액을 임차보증금으로 기재해 달라고 하는 경우에는 거절해야 한다. 그래야 불필요한 세금을 내지 않는다.

한편 사업장을 집으로 하는 경우가 있다. 예를 들어 인터넷 쇼핑몰을 운영한다거나 소호 형태의 사업을 하는 경우에는 집 주소를 사업장 주소로 하면 된다. 여기서 집 주소는 자신이 살고 있는 주민등록상의 집(전세·자가 불문) 주소를 말한다.

명의를 빌려 사업자등록을 하게 된다면?

사업자 명의를 본인이 아닌 제3자로 하는 경우가 많은데, 왜 그럴까?

개인이 얻는 종합소득에는 사업·부동산·근로·기타소득 등이 있다. 1년 동안의 모든 소득을 합산하여 과세된다. 따라서 소득의 종류가 많거나 여러 사업을 하는 경우에는 합산과세에 따라 높은 세율을 적용받게 된다. 이를 피할 수 있는 방법은 단 하나, 소득을 분산시키는 것이다. 이럴 때 제3자 명의가 이용된다.

다음으로 창업 초기에는 무조건 간이과세자를 적용하는 경우가 많으나 매출 실적이 좋아지면 얼마 안 가서 일반과세자로 바뀌게 된다. 이러한 상황에서 지속적으로 간이과세자 혜택을 누려 보고자 폐업신고를 하고 제3자의 명의로 사업자등록을 신청하기도 한다.

어찌 되었든 간에 명의대여로 인한 세금 책임은 일단 명의를 빌려준 사람이 진다. 물론 명의를 빌린 사람은 빌려준 사람과 함께 연대 납부 책임이 있다. 또한 사업자 허위등록 가산세(1%)도 내야 한다. 이 외에도 명의를 빌려준 사람은 사업에 따른 세금뿐만 아니라 국민건강보험료나 국민연금 등도 생각해야 한다.

따라서 이러한 문제를 피하기 위해서는 절대 명의를 빌려주어서는 안 된다.

사업자 유형이 바뀔 수 있다

사업주들 중에는 처음에 간이과세자 적용을 받다가 얼마 안 돼 '당신은 일반과세자로 바뀝니다'라는 통지문을 세무서로부터 받고는 어쩔 줄 몰라 하는 경우가 많다. 그렇다고 놀라지 마시라.

연간 매출액이 1억 400만 원을 넘어서면 사업자 유형이 자동적으로 간이과세자에서 일반과세자로 바뀐다. 그렇다면 이와 반대인 경우, 일반과세자였는데 연간 매출액이 1억 400만 원 미만으로 떨어지면 어떻게 될까?

간이 배제 업종이 아닌 한 간이과세로 바뀐다. 하지만 일반과세자가 유리한 경우 간이과세를 포기함으로써 일반과세를 유지할 수 있도록 하고 있다. 여기서 일반과세자가 유리한 경우란 매입 부가가치세가 커서 매입 부가가치세를 전액 환급받을 가능성이 있는 경우이다. 간이과세자는 매입액의 0.5% 정도만을 납부세액에서 공제받기 때문에 일반과세자와 공제 차이가 많이 난다. 간이과세 포기는 간이과세를 적용받고자 하는 과세기간 개시 전일까지 간이과세포기서를 관할 세무서에 제출해야 한다(예: 5월부터 간이를 적용받고자 하는 경우 4월 30일까지 제출). 그러면 다음 달 1일부터 일반과세를 적용받을 수 있다.

참고로 사업자 유형이 일반에서 간이 또는 간이에서 일반으로 바뀌면 바로 기장을 담당하는 세무회계 사무소에 연락을 취하는 것이 좋다. 과세유형의 전환에 따라 챙겨야 할 것들(예를 들면 재고매입세액공제 등)이 많기 때문이다.

최근의 상가 건물 임대차보호법 개정 사항

최근 상가 건물 임대차보호법이 아래와 같이 시행되고 있다. 자세한 내용은 법제처에서 관련 법령을 검색해 확인할 수 있다.

① 환산보증금 상향 조정

상가 건물 임대차보호법을 적용받을 수 있는 환산보증금이 2019년 4월에 아래와 같이 달라졌다. 참고로 아래 ③의 계약갱신요구권은 이러한 환산보증금과 관계없이 모든 상가 임차인들에게 적용된다.

구분	종전	현행
서울	6억 1,000만 원	9억 원
과밀억제권역, 부산	5억 원	6억 9,000만 원
인천, 세종, 파주, 화성 등	3억 9,000만 원	5억 4,000만 원
그 외 지역	2억 7,000만 원	3억 7,000만 원

위의 환산보증금은 '전세보증금＋(월세×100)'으로 계산한다.

② 월세 상한율 인하

상가 월세를 올릴 수 있는 상한율이 9%에서 5%로 인하되었다.

③ 계약갱신요구권 연장

2018년 10월 16일 이후 계약되거나 갱신된 상가 임대차계약에 대해 현행 5년에서 10년으로 계약갱신요구권이 연장되었다. 이로 인해 임차인들은 최장 10년까지 영업 기간을 보장받을 수 있게 되었다.

④ 권리금 회수 보호 기간 연장

2018년 10월 16일 이후부터 권리금 회수 보호 기간이 만료 3개월 전에서 6개월 전으로 연장되었다. 이로써 임대인의 권리금 지급 방해를 받지 않고 안정적으로 권리금을 회수할 수 있게 되었다. 한편 전통시장에서 발생한 권리금도 보호를 받을 수 있게 되었다.

국세청이 두렵지 않은
세무 기초 세우기

폼생디자인사의 이대박 사장과 조억만 대리는 고단수 세무사가 있는 든든세무법인과 미팅 후, 신규 사업자의 세금 종류와 증빙을 모으는 방법과 절세 방안 등을 알게 되었다. 든든세무법인의 담당자는 경력이 다소 있는 김상세 대리였다. 고단수 세무사가 서로 인사를 시켰다.

"서로 인사 나누세요. 이분들은 폼생디자인사의 사장님과 조억만 대리입니다. 이쪽은 폼생디자인의 장부 정리 및 세금 신고를 하게 될 김상세 대리입니다."

"조 대리님, 안녕하세요?"

먼저 김상세 대리가 조억만 대리에게 인사를 건넸다. 인사를 나눈 다음, 고 세무사는 앞으로의 업무 처리에 대해 브리핑했다.

"오늘은 세금 종류와 증빙 모으는 방법 등을 알려 드리겠습니다. 저희 사무실과의 업무 관계는 따로 김상세 대리가 말씀드릴 겁니다."

사업할 때 맞닥뜨리는 세금

폼생디자인사는 앞으로 다음과 같은 납세의무를 이행해야 한다.

세목	신고·납부 기한	신고할 내용
부가가치세	• 1기: 7월 25일 • 2기: 다음 해 1월 25일	• 1기는 1월 1일~6월 30일까지의 실적 • 2기는 7월 1일~12월 31일까지의 실적
종합소득세	다음 해 5월 1일~5월 31일*	1월 1일~12월 31일까지의 실적
원천징수	다음 월 10일(단, 반기별도 가능)	매월 원천징수한 세액

* 성실신고확인 대상자는 5월 1일~6월 30일

여기서 부가가치세는 일반과세자의 경우 1년에 2번, 간이과세자는 1번 신고하게 된다.

종합소득세는 매출액에서 비용을 차감한 1년간의 소득을 모아 다음 해 5월 중에 다른 소득과 합산하여 과세하는 세목이다. 원천징수는 매월 급여나 기타소득을 지급할 때 세금의 일부를 떼어 다음 달 10일 또는 반기 말의 다음 달 10일까지 정부에 납부하는 제도를 말한다.

한편 면세사업자가 2월 10일까지 신고하는 사업장현황신고가 있다. 그 밖에 개업 초기에 신경 써야 할 것은 원천징수 업무이다. 그다음은 부가가치세 업무가 될 것이다.

직원과 함께 붓는 4대 보험 신고

4대 보험 신고는 보험 관계 성립 신고와 임직원들에 대한 보험 자격 취득 신고를 말한다. 통상 개업일로부터 14일 안에 신고하면 된다. 신고 요령은 뒤에서 살펴보겠지만 기장을 의뢰하고 있는 세무사 사무소에서 처리가 가능한지 알아보아야 한다.

만약 불가능할 때는 본인 스스로 하거나 또는 노무사를 통해 처리해도 된다. 요즘은 서식이 통합되어 있고, 몇 가지 서식만 갖추면 되므로 종업원 수가 몇 명 안 되면 두세 시간 안에 신고를 마칠 수 있다 (www.4insure.or.kr 참조).

4대 보험의 신고 의무

구분		고용보험	산재보험	국민연금	국민건강보험
의무 가입		1인 이상 시	1인 이상 시	1인 이상 시	1인 이상 시
신고 의무	설립·채용·퇴사 등	14일 이내		다음 달 15일	14일 이내
납부 의무	납부 시기	매월 10일		매월 10일	매월 10일
	납부 방법	• 공단 고지 • 보수월액×요율		• 공단 고지 • 기준소득월액×요율	• 공단 고지 • 기준소득월액×요율
부담 관계	사업주	1.15%~1.75%	업종별로 규정됨.	4.5%	3.545%
	근로자	0.9%	×	4.5%	3.545%

※ 고용보험료와 산재보험료의 부과 기준이 종전 임금총액에서 소득세법상 근로소득(비과세소득 제외)으로, 일시납 등에서 다음 월 10일까지 납부하는 것으로 변경되었다. 또한 각종 보험료의 고지·징수 업무가 건강보험관리공단에서 통합 관리된다. 일용직의 경우 원칙적으로 월 60시간 이상 근무하면 의무적으로 모든 보험에 가입해야 한다.

창업 회계와 세무 기초를 세우는 3가지 방법

조억만 대리는 사업 관련 증빙이 궁금했다. 자기 회사의 매출과 관련된 증빙은 어떻게 준비해야 하는지, 비품·임차료·식대·접대비 등은 어떤 증빙을 받아야 문제가 없는지 알고 싶었다. 결국 그는 김상세 대리에게 도움을 청했다.

먼저, 세금계산서를 어떻게 받을 것인지 살펴보자

사업자등록 신청은 사업 개시 전이어도 가능하다. 이는 사업 개시 전에 개업 준비를 하면서 발생한 매입세액을 공제해 주기 위한 취지다. 다만 공제 대상 매입세액은 사업자등록 신청일로부터 소급하여 20일 안의 것만 해당한다. 그러나 지금은 공급 시기가 속하는 과세기간 종료일로부터 20일 내에 등록 신청하면 매입세액을 공제받을 수 있다. 사업자들에게 혜택을 더 주기 위해 세법을 개정하였기 때문이다. 참고로 사업자등록증을 받기 전까지는 대표자의 주민등록번호를 사용하여 세금계산서를 받으면 된다.

둘째, 세금계산서와 신용카드 결제와의 관계를 보자

신용카드 전표는 결제 수단이지만 법에서 세금계산서와 같은 역할을 부여하고 있다. 하지만 둘의 관계를 잘 이해하여야 매입세액을 환급받을 수 있다.

먼저 일반과세자는 거래 상대방이 세금계산서를 발급해야 하는 사업자(도매업·제조업 등)면 세금계산서를 받아야 한다. 물론 세금계산서를 안 받고 신용카드로 결제했더라도 매출전표로 공제받을 수 있다.

당초부터 세금계산서를 발행할 수 없는 업종인 이용·미용·목욕업 등은 신용카드로 긁어 보았자 매입세액을 공제받지 못한다.

하지만 거래 상대방이 사업자등록증을 제시하고 세금계산서 발행을 요구할 수 있는 업종인 소매업·음식업·숙박업 등의 경우에는 신용카드 매출전표를 받으면 부가가치세를 공제받을 수 있다. 다만, 매출전표상에 부가가치세액이 별도로 기재되어야 한다. 한편 대부분의 일반과세자는 신용카드 매출전표를 발행하면 세금계산서를 따로 끊어 줄 수 없다.

셋째, 개업 전의 비용에 대한 처리를 보자

창업이나 개업 시기에 쓴 비용은 당해 사업연도의 비용으로 전액 인정된다. 다만 접대비를 3만 원 초과하여 지출할 때는 신용카드를 사용해야 한다. 한편 기타 소모품비, 복리후생비, 사무용품비 등을 지출하는 경우에는 간이영수증을 받더라도 가산세 등을 물지 않는다. 왜냐하면 증빙불비 가산세(2%)는 소규모 사업자가 아닌 자를 대상으로 하기 때문이다. 개업 연도의 사업자는 소규모 사업자로 본다. 다만, 거래금액이 큰 경우 가산세는 없지만 추후 거래 사실을 입증하기 위해서 통장을 이용하거나 신용카드 등으로 결제하는 것이 좋다.

창업기에 세운 절세 전략이 평생 간다

창업기에 세우는 절세 전략은 매우 중요하다. 창업 시부터 잘 다져진 세무는 그 이후의 업무에 지대한 영향을 주므로 다음과 같은 점을 고려해야 한다.

첫째, 세금 일정을 세운다

자기 회사에 해당하는 세목의 성격을 파악하여 신고 등의 일정을 잡고 매출액 대비 세금을 예측한다.

둘째, 조세감면에 대해 검토한다

조세감면은 얼마나 노력하느냐에 따라 성과가 달라진다. 귀찮다고 내팽개치면 조세감면은 당신의 회사와 무관하게 된다. 최고경영자(CEO)든지 실무 담당자든지 자기 회사에 관련된 감면 제도는 이해하고 있어야 한다.

셋째, 회계 및 세무 업무 매뉴얼화를 추진한다

매뉴얼은 업무의 연속성과 표준화를 확보해 주므로 업무를 진행하면서 점차적으로 갖추도록 하자. 특히 장부 및 증빙 관리, 세무상 유의할 사항, 조세감면 제도 등에 관심을 가져 보자.

넷째, 급변하는 세무 환경에 능동적으로 대처한다

세무 환경은 날로 발전해 가는데 이에 적응하려는 노력을 게을리해서
는 안 된다. 법은 수시로 개폐되고 있으니 한 치의 소홀함도 없도록 하자.

다섯째, 회계 및 세무는 세무 전문가에게 맡기도록 하자

비교적 규모가 큰 회사의 경우에는 고문 세무사가 있기 마련이다. 그렇
다고 규모가 작은 회사에는 고문 세무사를 두지 말라는 법은 없다. 기장
을 의뢰한 경우라면 적어도 담당 세무사를 우리 회사 식구로 만들어 보자.

TIP

창업자의 증빙 및 장부 관리 방법

창업자가 세무회계 측면에서 맨 처음 부닥치는 문제는 증빙을 어떻게 관리하느
냐는 것과 장부를 어떻게 작성하느냐는 것이다. 일반적으로 세무회계 사무소에
업무를 위임하는 경우에는 그곳에서 알려 준 대로 처리하면 되나, 부득이한 경
우 자체적으로 해결을 해야 할 때도 있을 수 있다.

그런데 회계 지식이 부족한 경우에는 회계 처리나 손익계산서 등의 재무제표
작성을 하기 힘들다. 그러다 보니 종합소득세나 법인세 등의 신고도 할 수 없다
는 문제점이 나타난다. 물론 회계 지식을 갖춘 종업원을 채용해 전담시키면 되
겠지만 그에 따른 인건비가 지출된다.

그래서 회사 규모가 크지 않다면 사업 개시 전에 외부에 위임하는 등 자신의 회
사에 맞는 증빙 및 장부 관리 방안을 세워 시행하는 것이 좋다.

세금 줄이기,
까다롭지 않아요

"세무사님, 우리 회사에 대한 세액공제나 감면 제도는 말씀만 듣고는 금방 이해가 되지 않네요. 좀 정리해서 주시면 안 되나요?"

"그렇게 하지요. 그런데 세금 감면 조항이 하도 많고 감면 요건도 까다로워서 전문가라는 사람들도 놓치는 것이 많답니다. 물론 유능한 경영자나 전문가들은 미리 요건을 맞춰서 유리하게 상황을 이끄는 경우가 많고요."

"그런데 우리 회사 같은 중소기업은 더 감면해 주는 혜택은 없나요?"

"조 대리님, 어째서 폼생디자인이 중소기업이라고 생각하시나요?"

"중소기업에서 중은 '가운데 중(中)'이고, 소는 '작을 소(小)'니 우리 회사에 딱 맞는 것 아니에요? 우리 회산 정말 작은데……."

"하하하, 그렇게 간단하지 않답니다."

"아니, 세무사님, 저 놀리시는 거죠?"

"아뇨. 정말 간단하지 않다니까요?"

현행 세법에서는 일반기업보다는 중소기업에 대해 조세감면 제도를 많이 마련하고 있다. 그렇다면 여기서 중소기업이란 앞에서 조억만 대리가 말한 것처럼 규모만을 의미하는 것일까? 그렇지 않다.

현행 조세특례제한법에서는 다음의 요건을 충족한 기업만을 중소기업으로 보고 다양한 조세지원을 하고 있다. 그러면 폼생디자인사가 중소기업인지 판정해 보자.

첫째, 폼생디자인사의 주 업무는 실내장식이므로 건설업에 해당한다. 따라서 업종 요건은 충족한다. 이 외의 업종에는 제조·건설·물류·여객운송·어업·도매·소매·정보처리업 및 기타 컴퓨터 운영 관련업 등이 있다(단, 2017년 이후부터는 업종 요건이 삭제되었음).

둘째, 건설업의 경우 평균 매출액이 1,000억 원 이하에 해당하면 중소기업으로 보게 된다. 종전에는 상시근로자 수와 자본금 요건으로 판정했지만 현재는 매출액을 기준으로 판정하고 있다. 그 외 업종은 중소기업기본법시행령 별표 1을 참조하면 된다.

셋째, 당해 기업이 대규모 기업 집단에 속하지 않아야 한다. 폼생디자인사는 이에 해당하지 않는다.

위 세 가지 사항을 본 결과, 폼생디자인사는 세법상 중소기업에 해당되어 각종 세금을 감면받을 수 있다.

중소기업은 통합투자세액공제, 창업 중소기업 등에 대한 세액 감면, 중소기업에 대한 특별세액감면 등을 받을 수 있다. 물론 중소기업은 일반기업이 적용받는 공제, 예를 들면 통합고용세액공제 등도 적용받을 수 있다. 다만 이러한 항목들은 감면 여부가 수시로 바뀌므로 유의하자.

여기서는 창업 중소기업 등에 대한 세액감면에 대해서만 살펴보자.

창업 중소기업에 대해서는 창업일로부터 4년간 소득세나 법인세를 50~100%(2025년은 25~75%로 인하 예정) 감면해 주는데, 그 요건을 알아보자.

- **적용 대상 기업**

  수도권 과밀억제권역 이외 지역에서 창업한 중소기업(단, 청년 중소기업은 제외), 창업 후 2년 이내에 벤처기업으로 확인받은 창업·벤처 중소기업, 창업보육센터 사업자로 지정받은 내국인이 적용 대상자이다.

- **대상 업종**

  위 중소기업은 기간산업(제조업, 물류 등)과 지식서비스업(부가통신업, 방송업 등)으로 한정된다.

- **폼생디자인사의 경우**

  폼생디자인사는 수도권 과밀억제지역 내인 서울에서 창업했으므로 창업 중소기업에 대한 감면 제도를 적용받을 수 없다. 왜냐하면 적용 대상 기업의 요건에 위배되기 때문이다.

참고로 앞과 같은 감면*들을 적용받기 위해서는 감면 요건을 충족하여야 하고, 중복 지원 및 수도권 배제 조항에 해당되지 않아야 하며, 종합소득세 등 신고 기간에 감면 신청이 필요하다.

* 조세감면은 주로 고용, 투자에 대해 적용된다. 따라서 고용 등을 할 경우 어떤 혜택을 받을 수 있는지 미리 점검하는 것이 좋다.

투자와 고용 시 알아 두면 좋을 세액공제 제도

사업자가 기계 설비 같은 사업용 유형자산(운영 리스나 중고품은 제외)을 구입하거나 고용을 증대하면 세액공제를 적용한다. 매우 중요한 제도에 해당한다.

① 통합투자세액공제

중소기업 등이 사업에 필요한 기계장치 등에 투자하면 투자 금액의 10%(추가공제 10% 별도) 이상을 세액에서 공제한다(조세특례제한법 제24조). 다만, 이 제도는 원칙적으로 수도권 과밀억제권역 밖에 소재한 기업에 적용하나, 과밀억제권역 내의 기업도 증설이 아닌 대체투자를 하면 이 공제를 받을 수 있다(조특법 제130조).

② 통합고용세액공제(중소기업의 경우)

사업자가 고용을 늘리면 아래와 같이 공제를 적용한다. 이 제도는 2025년부터 적용 방법이 바뀌므로 개정 세법을 참조하기 바란다(조세특례제한법 제29조의8).

구분	2024년 이전	2025년 이후	비고
청년 등	최대 1,550만 원	최대 2,400만 원	장애인, 경력단절 여성, 60세 이상자 등 포함
일반 근로자	최대 950만 원	최대 1,500만 원	-
지원 기간	3년	2년	-
고용 감소 시	추징함.	추징하지 않음.	-

세금 줄이는 원리를 배워라

　　폼생디자인사의 이대박 사장은 최고경영자도 세금 계산 원리 정도
는 알아야 한다는 고 세무사의 말을 듣고 이번 기회를 통해 배우기로
했다. 소소한 것이야 담당 직원이 하겠지만 세금이 어떻게 만들어지
는지 알아야 말이라도 꺼내 볼 수 있는 것 아니겠는가.

　　"여기 당기순이익에서 필요경비를 불산입하고… 이렇게 사업소득
금액이 형성됩니다. 이걸 다른 소득금액과 합산해 종합소득을 만들
고……."

　　이렇게 직원이나 세무사 사무소가 보고할 때 눈만 깜빡거릴 것인가!

　　아예 세금을 안 내는 경우를 제외한다면, 기업이든 개인이든 세액
을 줄이려고 노력하는 건 지극히 정당하다. 그리고 세액을 줄이려면

세금 계산 원리를 잘 이해하고 있어야 한다.

세금은 수입보다 낮은 순소득에 대해서 과세된다

세금은 우선 순소득(수입금액*-필요경비)에 대해 과세를 하는 것이 바람직하다. 사업소득세의 경우에는 총수입에서 필요경비를 공제하여 순소득을 산정하고, 근로소득세의 경우에는 총급여에서 근로소득 공제를 적용한다. 또한 양도소득세의 경우에는 양도가액에서 취득가액 및 기타 필요경비와 장기보유 특별공제를 적용하여 과세한다.

이러한 순소득 계산 방식은 누구에게라도 공통적으로 적용된다. 즉법에 따라 획일적으로 적용되는 것이다. 대통령이나 국회의원 그리고 샐러리맨에게도 같은 방법이 적용된다.

* 회계상 매출액과 같은 개념이다.

세금 줄이는 원리, 알고 보면 쉽다

똑같은 월급을 받더라도 부모의 생계를 책임지는 사람이 있는가 하면, 독신이어서 그보다 여유가 있는 사람도 있다. 그런데 이 둘의 소득이 같다고 세금을 똑같이 매긴다면 공평하다고 할 수 있을까?

이런 경우를 대비하여 과세소득에서 개인의 사정을 반영한다. 소득공제(기본공제 등)를 적용해 공평을 기하는 것이다.

사업소득만 있다면 소득세 계산 구조는 다음과 같다.

- 사업소득금액 = ① 총수입 − ② 필요경비
- 과세표준 = 사업소득금액 − ③ 소득공제(기본공제 등)
- 산출세액 = 과세표준 × 기본세율(6~45%)
- 결정세액 = 산출세액 − ④ 세액공제·감면
- 납부할 세액 = 결정세액 + 가산세 − 기납부세액

사업소득에 대한 세금을 줄일 수 있는 곳은 네 군데이다.

먼저, 총수입(①) 금액을 실제보다 낮춰야 한다. 실제 매출액은 1억 원이나 그 절반으로 신고한다면 세금이 대폭 줄어들 것이다.

둘째, 필요경비(②)를 높이면 된다. 필요경비란 사업을 진행하면서 발생하는 비용을 말한다. 사업을 하다 보면 인건비, 임차료, 교통비 등 수많은 비용이 발생하므로 이들 비용을 높이면 세금은 줄어든다.

셋째, 소득공제(③)를 많이 받으면 된다. 소득공제는 근로소득자에게 적용되는 것이 많지만 사업자도 노력하면 받을 수 있는 것들이 많다. 노란우산공제가 그 예다.

넷째, 세액공제나 감면(④)을 받으면 된다. 정부에서 혜택을 주는데 못 찾아 먹는 사람이 바보다.

그렇다면 이렇게 세금을 줄일 수 있는 부분 중 남에게 들키지 않고 사용할 수 있는 방법은 무엇일까?

③과 ④의 방법은 곧바로 그 진위가 밝혀지므로 사실과 다르게 신고 해서는 안 된다. 특히 ④의 세액공제나 감면의 경우에는 법적 요건이 매우 까다로워서 이에 해당하는 사람들이 드물다.

세금을 줄일 수 있는 곳은 바로 ①과 ②이다. 현실적으로 자영사업자의 세금이 늘었다 줄었다 할 수 있는 곳은 바로 수입과 비용 부분이다.

수입과 비용을 마음대로 계상해도 되나?

세금을 내기 싫다고 수입의 절반을 쏙 빼놓고 신고하거나 지출하지도 않은 영수증으로 비용 처리를 해도 문제가 없을까?

그렇지 않다. 법에 어긋난 처리는 가산세 등의 불이익을 받을 수 있다. 따라서 소득세를 줄이기 위해서는 사전적인 내부 관리를 통해 세금 예측을 하여 세금을 전략적으로 활용할 수 있어야 한다. 똑같은 금액의 세금이라도 내부 관리가 잘된 경우와 그렇지 않은 경우 받아들이는 마음 자세는 다를 것이다. 내부 관리가 잘된 회사는 '관리를 잘해서 이만큼 나왔군' 하고 생각하나, 잘 안 된 회사는 '도대체 이게 말이되는 소리야? 금액이 너무 많게 나온 거 아니냐고?'라고 한다.

종합소득세율은 꼭 외워라

기본세율에 대해 잠시 살펴보자. 세율의 종류는 비례세율과 누진세율로 나뉜다. 비례세율은 물건값의 크기에 상관없이 무조건 10%를 과세하는 부가가치세가 대표적이다.

한편 누진세율은 과세표준의 구간에 따라 누진도를 달리하여 과세하는 세율이다. 사업소득을 포함한 종합소득에 적용되는 누진세율은 다음과 같다. 아래의 표는 실무적으로 많이 사용하는 간편법이다.

　예를 들어, 과세표준이 6,000만 원이라면 산출세액은 864만 원 (6,000만 원×24% - 576만 원)이다. 원래 과세표준 6,000만 원 중 0~1,400만 원은 6%, 1,400만~5,000만 원까지는 15%, 나머지 5,000만~6,000만 원은 24%의 세율이 적용되지만, 누진공제를 활용하면 위와 같이 간편하게 세금을 계산할 수 있다.

과세표준*	세율	누진공제액
1,400만 원 이하	6%	-
1,400만 원 초과 5,000만 원 이하	15%	126만 원
5,000만 원 초과 8,800만 원 이하	24%	576만 원
8,800만 원 초과 1억 5,000만 원 이하	35%	1,544만 원
1억 5,000만 원 초과 3억 원 이하	38%	1,994만 원
3억 원 초과 5억 원 이하	40%	2,594만 원
5억 원 초과 10억 원 이하	42%	3,594만 원
10억 원 초과	45%	6,594만 원

* 2023년에 과세표준 구간의 일부가 변경되었다.

　한편 위의 누진세율과 관련하여 간과해서는 안 될 것이 있다. 예를 들어, 과세표준이 6,000만 원인 구간의 세율인 24%의 의미가 그것이다.

　이 24% 세율은 과세표준이 6,000만 원인 사람의 '한계세율'이라 한다. 한계세율은 소득 1단위가 증가했을 때 증가하는 세금의 크기를 나타내며, 과세표준이 걸쳐 있는 최종적인 구간의 세율을 말한다.

만일 6,000만 원 구간에 사업소득이 있는 사람에게 100만 원의 소득이 추가로 생겼다면 세금은 100만 원의 24%인 24만 원이 추가 발생한다.

물론 이 금액 이외에 지방소득세가 항상 따라붙는다. 지방소득세는 소득세의 10%이다. 결국 100만 원의 26.4%(24%×110%)인 26만 4,000원의 세금이 추가로 발생하는 셈이다.

TIP

법인세율

과세표준	세율		
	2012~2017년	2018~2022년	2023년 이후
2억 원 이하	10%	10%	9%
2억~200억 원 이하	20%	20%	19%
200억~3,000억 원 이하	22%	22%	21%
3,000억 원 초과		25%	24%

이상과 같은 정보를 토대로 기업이 2억 원의 이익을 냈을 때 개인기업과 법인기업의 세금 차이를 살펴보자. 이 외의 사항은 무시하기로 한다.

- 개인기업으로 했을 때: 2억 원×38% − 1,994만 원(누진공제) = 5,606만 원
- 법인기업으로 했을 때: 2억 원×9% = 1,800만 원
- 차이: 3,806만 원(법인기업이 유리)

참고로 2025년부터 소규모 성실 법인(주업이 임대업 등이고 상시근로자 수가 5인 미만인 법인)에 대한 법인세율이 19~24%로 변경될 예정이다.

2025년 사업자들이 알아 두면 좋을 개정 세법

2025년에 사업자들이 알아 둬야 할 개정 세법을 요약정리하면 다음과 같다.

구분	현행	개정(안)
소득세율	6~45%	좌동
법인세율	9~24%	좌동(소규모 임대법인 19~24%)
신용카드 세액공제율 적용 기한 연장	• 1.3%, 1,000만 원 한도 • 2023년 12월 31일	• 좌동(매출 5억 원 초과 0.65%) • 2026년 12월 31일
의제매입세액 특례 적용 기한 연장	• 일반과세자 중 연 매출 4억 원 이하: 9/109 • 2023년 12월 31일	• 좌동 • 2026년 12월 31일 ☞ 간이과세자는 해당 공제 적용 배제
전자(세금)계산서 의무 발급 대상 확대	• 직전년도 공급가액 1억 원 이상 • 2023년 7월 1일 이후	• 8,000만 원 이상 • 2024년 7월 1일 이후
착한 임대인 세제 지원 적용 기한 연장	• 임대료 인하액의 50~70% 세액공제 • 2024년 12월 31일	• 좌동 • 2025년 12월 31일
가업 승계 증여세 저율 과세 확대 등	• 10% 적용 구간: 60억 원 • 연부연납: 5년	• 120억 원으로 상향 • 15년
통합투자세액공제	고정자산 투자 시 10% 이상 세액공제	좌동 (추가공제율 3%에서 10%로 인상)
통합고용세액공제	고용 증대 시 1인당 최고 1,550만 원 공제	최대 2,400만원(2년간) 고용 감소 시 추징 없음.
혼인·출산 증여공제 신설	–	1억 원(결혼세액공제 50만 원 신설)
6세 이하 보육 수당 비과세 한도 상향	월 10만 원	월 20만 원
자녀장려금 지급 한도 상향	• 자녀 1인당 80만 원 • 소득 요건 : 4,000만 원 이하	• 100만 원 • 7,000만 원 이하
부동산 임대업 중소기업 제외	중소기업에 해당 (접대비 한도 3,600만 원 등 적용)	중소기업에서 제외 (접대비 한도 1,200만 원 등 적용)
상속세 세율 등 인하	• 세율: 10~50% • 자녀상속공제: 1인당 5,000만 원	• 세율: 10~40% • 자녀상속공제: 1인당 5억 원 ☞ 확정 여부는 별도로 확인할 것

chapter 02

세금 팍팍 줄여 주는
비용 처리법

"지출 형태별…"

○○
회사

지출

자기 회사에 맞는 비용 지출 기준을 짜라

폼생디자인사의 이대박 사장은 매일 집행되는 자금을 일일이 통제하기가 불가능해서 지출에 대한 지침을 마련해 두었다.

- 모든 지출은 지출결의서에 의해 지출해야 한다.
- 예산 범위 안에서 지출 사유를 명시하고 증빙서류를 첨부하여 지출해야 한다.
- 당사의 모든 지출금은 관리부(경리과)의 결재를 얻어 지출한다.
- 지출결의서에 따라 지출된 사항은 지출 즉시 현금출납부에 기록한다.

시간이 흘러가면서 이대박 사장은 한 가지 중요한 사항을 알게 되었다. 사전에 비용을 통제하다 보니 나중에 회계상으로 정리되는 손익계산서의 금액들이 손을 대지 않아도 될 정도로 짜임새가 있고 불필요한 비용도 나가지 않는다는 것이었다.

이대박 사장은 이 사실을 조억만 대리에게 알려 주었다.

"조 대리, 회사의 얼굴이라는 재무제표를 아무렇게나 방치한다면 회사의 이미지가 실추될 것은 뻔하잖아? 그래서 회사 얼굴을 가꾸는 방법은 없을까 생각해 보았어. 우리 회사에 관련되는 주요 비용에 대해 관리 기준을 세워 집행한다면 손익계산서가 보기도 좋고 불필요한 비용도 억제될 것 같은데, 조 대리 생각은 어때?"

"네. 좋은 아이디어 같습니다. 그런데 조그마한 비용까지도 포함되나요? 예를 들면 간식비라든가 찻값이라든가……."

"일단은 주요한 비용부터 합시다. 조그마한 비용이야 월 정액으로 하면 되고, 예상치 못한 비용이 발생하면 그때 가서 처리하면 되고……. 다음 주 수요일까지 각 계정별 관리 기준을 만들 수 있을까? 기준을 만들어 시행하면 여러모로 도움이 될 것 같은데 말이야."

"알겠습니다. 든든세무법인에 연락해서 자료를 얻고 또 노하우를 배워 작성하겠습니다."

폼생디자인사의 조억만 대리는 먼저 중소기업에서 사용할 수 있는 손익계산서 계정과목이 있음을 알았다. 그리고 본격적으로 계정과목별 관리 기준을 만들기 시작했다.

이러한 계정과목은 자기 회사에 맞게 고쳐서 사용하거나 새로 만들어서 사용할 수 있다. 예를 들면 정비 업체의 경우 매출액을 '정비 수입'으로, 매출원가는 '정비 원가'로 고쳐 사용한다.

계정과목	내용
복리후생비	일숙직비 지급, 직원 식대 및 차대, 직원 야유회비, 회식비, 임직원 경조비, 임직원 피복비, 건강보험료 등
여비교통비	시내외 교통비, 출장 여비, 해외 출장비
통신비	전화료, 우편료, 정보통신료
수도광열비	상하수도 요금, 가스 대금, 난방용 유류대
접대비	거래처 선물 대금, 거래처 경조사비, 해외 접대비
전력비	전기 요금, 동력비(사무실 전기 요금은 수도광열비 처리)
세금과 공과	적십자 회비, 협회 및 조합비, 소득세, 교통 범칙금
지급임차료	사무실 임차료, 복사기 임차료
보험료	산재보험료, 고용보험료, 자동차보험료, 보증보험료
차량유지비	유류대, 차량 수리비, 주차료, 검사비, 통행료
경상연구개발비	외주 연구개발비, 시험재료비, 연구원 식대, 연구원 급여
교육훈련비	강사 초청료, 학원 연수비
도서 인쇄비	신문 구독료, 도서 대금, 인쇄비, 복사 대금
사무용품비	장부서식 대금, 문구 대금 등
지급수수료	세무 수수료, 특허권 사용료
광고선전비	TV·신문 광고료, 광고물 제작비, 달력 인쇄비
기부금	불우이웃돕기 성금, 수재의연금
이자비용	어음할인, 채권할인, 대출금 이자
잡비	오물수거료, 청소비, 기타 발생이 빈번하지 않은 비용
잡손실	교통사고 배상금, 계약위반 배상금, 가산세
유형자산 처분이익	건물 처분이익, 토지 처분이익
급여	직원 월급
잡급	일용직 근로자, 아르바이트 비용
이자수익	예금·적금 등의 이자

※ 참고: 이러한 계정과목 분류는 회계 처리 지식이 있는 상태에서 유용성이 있다. 따라서 경영자나 실무자들은 회계원리를 먼저 공부할 필요성이 제기된다.

"야호! 사장님! 이번 달 인테리어 부문의 매출만 1억 원이 넘었네요? 사장님! 보너스 주세요."

조억만 대리의 말이 끝나자마자 이 사장이 큰소리를 쳤다.

"조 대리! 그게 무슨 말이야?"

이 사장은 왜 소리를 질렀을까?

수익 인식 시기에 대해 알아야 한다

수익 인식이란 수익으로 인식할 금액과 수익이 귀속되는 회계기간을 결정하는 것이다. 여기서 수익으로 인식할 금액은 보통 기업의 제품이나 서비스에 대한 대가로 유입되는 금전이며, 수익이 귀속되는 회계기간(보통 1. 1.~12. 31.이 1회계기간이다)은 수익의 인식 시점이 어느 사업연도에 해당하는가를 결정하는 것을 뜻한다.

기업회계기준서에 따르면 재화(물건)와 용역(서비스)을 판매하거나 제공하는 경우 수익 인식은 다음과 같이 한다.

① 물건의 판매로 인한 수익의 인식

물건을 판매한 경우에는 수익 인식 시점을 쉽게 알 수 있다. 우리가 물건에 대한 소유권을 상대방에게 내주고 그 대신 현금이나 매출 채권으로 받은 시점에서 수익으로 인식하면 되기 때문이다. 즉 물건의 소유에 따른 위험과 효익의 대부분이 구매자에게 이전되고, 수익 금액을 정할 수 있을 때 수익으로 인식할 수 있다.

② 용역(서비스) 제공으로 인한 수익의 인식

음식업 등에서 발생한 서비스는 서비스 기간이 짧기 때문에 판매분을 바로 수익으로 인식할 수 있다. 하지만 장기간의 서비스가 필요한 용역에 대해서는 일정한 기준에 따라 수익을 기간별로 나눌 수밖에 없다. 즉 총수익 금액 중 일의 진행률에 해당되는 금액만을 월별이나 연도별로 배분한다는 것이다. 이를 회계학적으로 보면 경제적 효익(현금 등)의 유입 가능성이 높고 총수익 금액, 일의 진행률, 이미 발생한 원가 등을 신빙성 있게 측정할 때 수익으로 인식한다라고 표현할 수 있다.

이대박 사장이 소리를 지른 이유는 바로 여기에 있었다.

보통 인테리어 공사는 용역 매출이므로 계약만 했다고 해서 공사금액을 모두 매출로 인식할 수 없다. 따라서 공사 진행률에 따라 수익을 인식하는 것이 합리적이다.

예를 들어, 그 달의 공사 진행이 50% 되었다면 그 달의 수익은 1억 원의 50%인 5,000만 원이 된다. 폼생디자인사의 그 달의 매출은 1억 원이 아닌 5,000만 원이라고 할 수 있기 때문에 이 사장이 보너스를 달라고 한 조억만 대리에게 큰소리를 친 것이다.

매출에누리와 환입, 매출할인은 총매출액에서 제외된다

조억만 대리는 이번 달 인테리어 부문의 매출액을 5,000만 원으로 하고, 기타 자재 부문의 매출을 1,100만 원으로 보고하였다.

보고서를 읽고 있던 이 사장이 말한다.

"조 대리! 자재 부문 매출액에서 빠진 매출할인이 얼만지 알 수 있나?"

"아뇨?"

"그럼, 이 보고서에 적힌 매출은 세금계산서 발행 금액을 기준으로 한 건가?"

"네."

"조 대리! 매출액은 세금계산서상의 매출로 집계하는 것이 아니라 그 총매출액에서 매출할인을 차감해야 한다는 거 모르나?"

"……."

조 대리가 또 한 방 먹은 순간이었다.

기업회계기준에서는 매출에누리, 환입, 매출할인은 총매출액에서 차감하여 매출액을 계상하도록 하고 있다.

여기서 매출에누리란 상품을 판매한 이후 수량 부족·품질 불량 등으로 값을 깎아 주는 것을 말하고, 환입은 쉽게 말해 반품을 뜻한다. 한편 매출할인은 상품을 구입한 사람이 할인 기간 내 상품 대금을 지급하면 일정액을 할인하는 금액을 말한다.

그런데 문제는 매출할인에 있다. 종전의 부가가치세법은 매출할인을 과세표준에서 공제하지 않도록 하였다. 그리하여 매출할인이 있는 경우라도 매출할인을 공제하지 않은 금액으로 세금계산서를 교부하게 되어 손익계산서상의 매출과 차이가 났다. 이러한 문제점이 대두

되자 매출할인액을 부가가치세 과세표준에서 공제할 수 있도록 법을 개정하였다. 그 결과 이제는 세금계산서상의 공급가액과 손익계산서상의 매출이 일치되어 이러한 혼란이 없어졌다. 따라서 앞으로 조 대리는 전처럼 실수를 하지 않을 가능성이 높아졌다.

현금 매출은 누락해도 된다?

앞 장에서 세금 계산 원리를 살펴보았을 때 세금을 낮추는 방법 중 가장 효과가 많이 나는 곳은 바로 매출과 관련된 부분이었다. 즉 매출을 절반으로 낮추면 세금이 왕창 줄어든다는 것이었다.

하지만 그렇게 하는 것이 가능한가?

현실적으로 자영사업자의 경우 소득 노출은 실제 소득의 2/3 수준으로 알려지고 있다. 카드 매출의 일부만을 현금 매출로, 심지어는 현금 매출을 아예 신고하지 않는 예가 있다 보니 그렇게 알려져 있다.

예를 들어 현금으로 물건을 파는 점포를 생각해 보자. 현금은 금고에 잔뜩 쌓여 있는데 이를 정상적으로 처리하여 세금을 내는 사람이 얼마나 있겠는가? 현금 판매분에 대한 영수증은 없고, 얼마 벌었는지 아무도 모른다. 그야말로 세금은 내고 싶은 만큼 내는 구조가 지금의 개인사업 환경임을 부인하지는 못할 것이다.

이렇듯 과세표준이 양성화가 되지 않은 이유는 이를 검증할 만한 시스템이 없기 때문이다.

그러나 앞으로는 현금 매출 관리를 충실히 하지 않으면 예기치 못한 세금을 두들겨 맞을 수 있을 것 같다. 현금영수증 제도가 도입되었기 때문이다.

이 제도는 근로소득자가 재화나 서비스를 제공받고 대가를 현금으로 지급하더라도 그 거래 내역이 사업자의 단말기를 통해 국세청에 통보되면 현금으로 사용한 금액에 대해서도 소득공제를 해 주는 것이다.

국세청에 통보된 현금 거래는 100% 노출되므로 이를 누락해서는 안 된다.

TIP

현금영수증 제도에 대한 대책

① 현금영수증 제도

근로소득자가 사업자에게 현금과 함께 카드(신용카드·캐시백카드 등)를 제시하면 현금영수증을 발급*해 줘야 한다. 그렇게 하면 현금 결제 내역이 국세청으로 통보된다. 사업자(법인은 제외)는 부가가치세 신고 시 현금영수증 발급액의 0.65~1.3%(연간 1,000만 원 한도)를 세액공제, 근로소득자는 연말정산 시 신용카드와 같은 소득공제를 받을 수 있다.

* 최근에는 변호사업, 의료업, 부동산 중개업, 예식장업 등 현금 매출이 많은 업종은 10만 원 이상의 거래에 대해 근로소득자 등이 요구하지 않아도 무조건 현금영수증을 발행해야 하는 제도가 적용되고 있다(소득세법시행령 제162조의3 제4항).

② 현금영수증 제도에 대한 대책

지금까지 대부분의 현금 매출에 대해서는 세금 신고가 제대로 이루어지지 않았다. 그러나 앞으로는 현금 매출이 그대로 드러나게 될 것이다. 따라서 이에 대한 대책이 필요하다.

가장 시급한 것은 현금 매출 증가에 따라 발생한 경비 부족에 대한 대비이다. 경영 전반이나 세금의 영향 등을 검토한 후에, 각종 시설이나 재료 또는 종업원이나 사회보험 등에 대한 회계 처리 방침을 명확히 하는 것이 필요하다고 보인다. 이 외에도 의무적으로 현금영수증을 발행하는 업종은 이를 누락하면 가산세가 20%(2018년 이전은 과태료 50%) 부과되는 등 막대한 손해가 발생하므로 주의해야 한다.

인건비도 설계하여 지급하라

"조억만 대리! 내일 월급날인데 급여명세서 좀 준비해 줘. 물론 뗄 것은 떼고. 퇴근 전까지 준비하세요."

"네. 그런데 사장님! 사장님 월급은 어떻게 해야 하나요? 제가 전에 다녔던 곳은 법인이어서 대표이사도 월급을 받았거든요."

"글쎄, 나도 헷갈리네. 든든세무법인에 물어보는 것이 좋을 것 같은데?"

"알겠습니다."

종업원을 채용하면 급여나 퇴직금 등 인건비, 복리후생비, 고용보험료 등 관련 비용이 들어간다. 업종이나 직무에 따라서 종업원 본인이 부담해야 할 세금이나 보험료를 회사가 대신 부담하는 경우도 많다. 따라서 종업원 관련 비용을 정확히 인지하고 급여 체계를 연봉으로 할 것인지, 전통적인 방법으로 할 것인지, 고정급으로 할 것인지, 성과급으로 할 것인지를 합리적으로 결정해야 한다.

성과가 높은 종업원에게는 특별 성과급이나 연말 보너스를 지급하는 것이 좋다. 종업원의 근무 의욕과 사기에 관련이 있기 때문에 늘 관심을 두고 있어야 할 것이다.

한편 '인건비'가 직원 급여, 상여, 잡급, 퇴직급여를 의미한다고 할 때 인건비를 어떻게 설계하는지 살펴보자.

확실하게 급여(또는 연봉) 설계하는 방법

연봉제의 경우 연봉 금액 안에 퇴직금이 포함되어 있는지가 중요하다. 퇴직금 포함 여부는 당사자 간의 협의에 의하여 정하면 된다. 연봉의 일부를 퇴직금으로 지급하는 경우에는 퇴직금의 지급 시기도 중요하다. 일반적으로는 1년 이상 근무 후에 퇴직연금으로 지급하는 경우가 많다. 매월 지급하면 퇴직금으로 인정받을 수 없기 때문이다. 다음의 급여대장은 실무상 많이 사용하는 것이다.

급여대장

기본급	수당	비과세 소득	과세 소득	공제액						차인 지급액
				소득세	지방 소득세	고용 보험료	국민 연금료	건강 보험료	계	

※ 초과근무수당이나 휴일수당을 받는 경우 기본급 외의 별도 항목으로 표시한다(근로기준법 준수).

급여대장을 잘 다루면 세금을 줄일 수 있다. 하나씩 따져 보자.

- 월 급여는 퇴직금 지급 조건에 따라 연봉을 1/13(퇴직금이 포함된 경우) 또는 1/12(퇴직금이 포함 안 된 경우)로 하면 된다. 물론 연봉을 더 등분하여 지급할 수도 있다. 한편, 퇴직금 지급 여부는 근로기준법(5인 미만 사업장도 1년 이상 근무자에게 퇴직금 제도를 적용하도록 하고 있음)에 의한다. 구체적인 것은 176쪽을 참조하자.
- 비과세소득은 통상 월 20만 원까지의 식대, 월 20만 원까지의 자가운전보조금, 월 20만 원 이하의 육아수당, 생산직 근로자가 받는 초과근로수당 등을 말한다. 이러한 비과세소득을 급여에 반영하면 과세소득이 줄어들어 절세 효과가 나타난다.
- 과세소득은 소득세를 정하는 소득금액의 크기를 말하며 월급이 대략 100만 원 미만이면 매월 급여에서 원천징수할 세금은 없다.
- 소득세는 '근로소득 간이세액조견표'에 의해 매월 원천징수하고 원천징수한 세액은 다음 달 10일까지 정부에 납부해야 한다. 이러한 업무는 매월 또는 반기별로 이루어진다. 급여나 직원 변동이 있을 때는 그 사실을 정확하게 알려 주어야 불이익을 예방할 수 있다. 간이세액조견표는 소득 구간별로 원천징수할 금액이 얼마인지를 대략적으로 만들어 놓은 표다. 국세청 홈페이지에서 검색할 수 있다.
- 지방소득세는 소득세의 10%로 부과된다.
- 공제 항목 중 고용보험료, 국민연금료, 국민건강보험료는 관련 법률에 따라 본인과 회사가 거의 반반씩 부담하는 것을 말한다. 이

에 대해서는 잠시 뒤에 살펴보겠다.

조억만 대리의 월급이 200만 원(식대 10만 원 별도)이라면 실제 지급액은 얼마일까?(단, 아래의 숫자는 임의로 작성됨.)

관리부 조억만 대리의 급여명세서(20○○년 기준)

총급여액		2,100,000원		소득세	19,520원
비과세소득	식대 운전보조금 초과근무수당	100,000원	공제액	지방소득세	1,950원
				고용보험료	13,000원
				국민연금	90,000원
				건강보험료 등	67,000원
				계	191,470원
과세소득		2,000,000원		차인 지급액	1,908,530원

조억만 대리의 급여명세서에는 210만 원이 찍혀 나오지만, 이것저것 떼고 나면 실제 호주머니로 들어오는 월급은 190만 원 정도이다.

우띠! 사장 급여는 왜 비용이 아니야?

자영사업자에게는 월급이라는 개념이 없다. 통장에 남아 있거나 또는 수금을 해서 호주머니로 들어가는 것이 곧 월급 대신이라고 할 수 있다. 따라서 사장에게는 급여의 개념이 적용되지 않으므로 원칙적으로는 비용으로 처리할 대상이 없다.

그런데 사업을 투명하게 한다고 하여 다른 직원처럼 일정액의 월급을 가져간다면 비용으로 인정될까? 그렇지 않다.

근본적으로 개인사업자의 입출금은 통장으로만 이루어지지 않으므로 매출과 비용이 검증되지 않는다. 따라서 사장 급여를 비용으로 인정할 수 없다. 결국 사장의 급여는 자본 인출이므로 비용으로 인정하지 않는 것이라고 볼 수 있다.

한편 사장의 배우자나 기타 가족이 당해 사업장에 근무하고 월급을 가져간다면 이는 다른 직원과 하등 다를 바 없으므로 당연히 비용으로 인정된다.

일용직에게 일당 15만 원을 지급하면 세금은 없다

일용직은 고용계약 없이 근무하는 임시직에 해당한다. 세법은 통상 3개월 이상 근무하는 경우에는 근로소득자로 본다. 따라서 3개월 근무 기간은 일용직과 근로소득자를 구분할 수 있는 기준이 된다.

이러한 일용근로자에게 일당 15만 원 이하의 금액을 지급하면 세금은 없다. 그 이상의 금액을 지급하는 경우 다음과 같이 원천징수하여 다음 달 10일까지 관할 세무서에 납부해야 한다. 참고로 일용직에 대해 급여 지급명세서를 지급한 날이 속한 달의 다음 달 말일까지 관할 세무서에 제출해야 한다.

- 산출세액의 계산 = (지급 금액 - 150,000원/일) × 6%
- 원천징수세액의 계산 = 산출세액 - [산출세액 × 55%(세액공제)]

참고로 2025년의 최저임금액은 시간당 1만 30원으로 2024년 대비 1.7% 인상된다. 월급(209시간 기준)으로 환산하면 209만 6,270원이다. 정부가 30인 미만 고용 사업주의 부담을 줄여 주기 위해 도입한 일자리 안정자금 제도는 2022년 6월 30일 자로 종료되었다.

TIP

인건비 세무 처리법

개인이나 법인의 비용에서 인건비가 차지하는 비중은 실로 막중하다. 일반 경비의 30% 이상을 차지하는 경우가 많기 때문이다. 과세당국도 이에 대한 지급 내역을 확인하여 잘못 처리하는 경우에는 비용에서 제외하는 식으로 불이익을 주는 일이 많다. 따라서 사업자들은 미리 이에 대한 대책을 마련해 두는 것이 좋다.

1. 비용 처리법

인건비를 지급하면 해당 금액은 사업자의 비용으로 인정된다(단, 개인기업의 대표자 급여는 불인정). 이때 사업자의 가족에게 인건비를 지급할 때는 실제 근무했음을 입증할 수 있는 근거를 확보하여 두는 것이 좋다.

2. 원천징수

직원으로 고용되어 근무하면 근로소득, 일용직으로 근무하면 일용직 근로소득으로 보아 세법에 맞게 원천징수를 해야 한다.

구분	원천징수 세율	비고
근로소득	기본세율	–
일용직 근로소득	6.6%	일당 15만 원 공제
사업소득	3.3%	–

참고로 일용직은 특정 고용주에게 계속하여 고용되어 있지 않고 일급 또는 시간급 등으로 받는 급여자를 말한다(통상 동일 고용주 하의 3개월 미만 근무자, 건설공사는 1년 미만 기준). 실무적으로 고용관계는 근로 제공자가 업무 또는 작업에 대한 거부를 할 수 있는 권한이 있는지, 시간적·장소적인 제약을 받는지, 업무수행 과정에 있어서 구체적인 지시를 받는지, 복무규정의 준수 의무 등을 종합적으로 판단해야 한다. 한편 사실상 근로소득임에도 불구하고 사업소득으로 원천징수한 경우에는 세법상 문제점이 발생함에 유의해야 한다.

3. 퇴직금 발생

직원을 고용하면 퇴직금 지급 의무가 발생한다.

4. 4대 보험

직원을 고용하면 4대 보험료를 부담해야 한다. 일용직의 경우에는 근무시간(월 60시간 등) 등에 따라 가입 의무 내용이 달라진다.

5. 법인기업의 임원 보수 규제

법인기업의 경우 직원에 대한 비용 규제는 없지만 임원은 그렇지 않다. 이들은 우월적인 지위를 이용해 자신들의 보수를 마음대로 정할 수 있기 때문이다. 그래서 아래와 같은 규제를 적용한다.

구분	규제	비고
급여	주주총회에서 한도 결정	한도 내 지출 시 특별한 규제가 없음.
상여	사전에 마련된 상여 지급 규정에 따라 지급해야 함.	이의 위반 시 비용으로 인정하지 않음.
퇴직금	정관 등에서 정한 대로 지급되어야 함.	이의 위반 시 비용으로 인정하지 않고 근로소득으로 세금 정산함.

6. 기타

고용 유지는 국가 입장에서 매우 중요한 덕목이다. 세법은 이러한 기조를 지원하기 위해 고용을 늘리는 기업에게 파격적인 세제 지원을 해 주고 있다. 대표적인 것으로 통합고용세액공제(1인당 연간 최대 2,400만 원 등을 지원)가 있다.

4대 보험료도
절약할 수 있다

"조 대리님! 우리 건강보험증 언제 나와요?"

"곧 나올 거예요. 신청했거든요?"

회사를 꾸려 나가다 보면 사회보험료(고용보험·산업재해보상보험·국민연금·건강보험) 때문에 골치 아플 때가 많다. 사회보험료는 종업원과 회사분을 합친다면 총급여의 18%가량으로 적지 않은 부담이 되기 때문이다.

이러한 이유로 4대 보험료 신고를 누락하는 경우가 종종 있다. 하지만 고용보험 같은 경우에는 누락 신고한 사실이 밝혀지면 과태료가 상당하기 때문에 주의해야 한다.

다음은 4대 보험의 부담 관계를 나타낸 것이다. 참고로 합계액에는 산재보험요율과 장기요양보험요율이 반영되지 않았고, 고용보험의 경우 사업주 부담은 제일 낮은 요율인 1.15%를 적용하였다(2025년 기준).

구분	고용보험	산재보험	국민연금	건강보험*	계
사업주	1.15~1.75%	업종별 규정	4.5%	3.545%	9.195%
근로자	0.9%	×	4.5%	3.545%	8.945%
계	1.95~2.55%	-	9%	7.09%	18.14%

* 건강보험료의 12.95%만큼 장기요양보험료가 추가로 부과된다.

4대 보험 신고·납부 방법

이제 4대 보험 신고 방법을 알아보자. 신규로 개업하는 사람은 사업장 가입신고를 해야 한다. 또한 직원이 입사 혹은 퇴사하는 경우에는 자격취득신고 또는 자격상실신고를 해야 한다.

① 서류의 제출

신고 시에는 사업장 가입신고서와 자격취득신고서 등이 필요하며 관할 공단에서 다운받아 사용하면 편리하다. 지금은 4대 보험 양식이 통합되어 있어 한꺼번에 작성하면 매우 편리하다(사업장 가입신고 시: 사업자등록증 사본/통장 사본/약도/급여대장/주민등록등본이 필요함).

한편 국민건강보험의 경우 주민등록이 별도로 되어 있는 부모가 있으면 호적등본을 첨부하여 자격취득신고서를 제출하면 된다.

② 서류 제출 방법

사업장이 속한 각 관할 지사 중 한 곳에 제출하면 된다. 보통 건강보험증이 제일 먼저 필요하므로 관할 국민건강보험관리공단 지사에 신청한다.

③ 납부 방법

국민연금이나 국민건강보험료는 매달 고지서에 의해 납부한다. 그리고 고용 및 산재보험료도 매달 고지서로 납부하는 것으로 바뀌었다. 이렇게 납부한 후 최종적으로 확정된 급여로 정산하게 된다.

4대 보험료를 절약하는 방법

4대 보험료가 어떻게 부과되는지 정확히 알고 대처하면 보험료를 절감할 수 있다.

첫째, 지역에서 직장으로 바뀌면 건강보험료를 점검하라

지역에서 건강보험료를 납부하다가 직장을 가지게 되면 자칫 중복으로 납부하는 일이 생길 수 있다.

둘째, 사업주의 건강보험과 국민연금은 사업장에서 가입하라

사업주의 건강보험과 국민연금은 원칙적으로 사업장에서 가입해야 된다(단, 1인 사업자는 지역 가입). 사업장 가입 시 예상 소득은 적정 수준*에서 결정되며, 추후 종합소득 신고 자료를 통해 소득을 확인하여 보험료의 적정성을 따지게 된다.

* 직원의 급여 중 가장 높은 금액을 기준으로 함(국민건강보험법시행령 제38조 제3항).

셋째, 비과세 급여를 활용하라

모든 사회보험료는 비과세소득을 제외한 근로소득을 기준으로 산정한다. 따라서 급여대장을 작성할 때 이를 활용하는 것(예: 식대와 자가운전보조금을 비과세로 처리)도 보험료를 절약하는 방법이다.

넷째, 신고는 신속하고 정확히 하라

종업원의 입사·퇴사가 발생한 경우와 폐업을 하는 경우에는 신속·정확하게 신고하여 불필요한 비용이 지출되지 않도록 하자. 신고를 늦게 하면 불필요한 비용이 지출될 수 있다.

다섯째, 영세사업자는 보험료 보조를 받아라

10인 미만 영세사업장은 사업주가 부담하는 고용보험 및 국민연금 보험료를 국가로부터 지원받을 수 있다. '두루누리 사회보험(insurancesupport.or.kr)' 홈페이지에서 관련 내용을 확인하도록 하자.

복리후생비와 접대비 관리 지침을 짜라

　폼생디자인사의 상반기 실적은 매우 좋았다. 창업 구성원들이 피땀 흘려 노력한 결과 목표치를 훨씬 상회하는 실적을 올리게 되었다. 이대박 사장은 직원들의 노고에 보답하고자 이번 급여 지급 때는 특별 수당을 주기로 했다.

　"오늘 저녁에 회식이 있으니 한 분도 빠짐없이 참석해 주세요."

　"그런데 어디로 가나요?"

　"회사 건물에 있는 갈빗집으로 갑시다. 그리고 2차는 간단하게 맥주, 어때?"

　다음 날 아침, 조억만 대리는 어제 회식 때 쓴 비용을 보고 깜짝 놀랐다.

영수증은 세 장이었다. 갈빗집 20만 원, ○○생맥줏집 10만 원, ○○ 유흥주점 50만 원이 각각 적혀 있었다.

'어라! 유흥주점을 가셨다는 말이군. 이걸 어떻게 처리해야 하나? 일단 사장님이 영수증을 주셨으니 처리해야겠지만, 이게 복리후생비 인가 접대비인가?'

유흥주점을 포함한 회식 비용은 모두 복리후생비로 처리될 수 있 다. 회식비는 복리후생비 범위에 포함되고, 유흥주점 비용은 회사 차 원의 회식 중에 발생하였으므로 복리후생비로 처리해도 무방하다(단, 통상 회의비를 초과하는 금액과 유흥을 위하여 지출하는 금액은 접대비로 보기 때문에 주의해야 한다).

그렇다면 복리후생비와 접대비(기업업무추진비)는 어떻게 다른지 알 아보자.

먼저 복리후생비란 직원의 복리후생을 위하여 지출하는 비용이다. 구체적으로 다음과 같이 구분한다.

- 법정복리비 : 사업주가 부담하는 건강보험료, 고용보험료 등
- 복리후생비 : 복리 시설을 독자적으로 운영함에 있어서 사업주가 부담하 는 시설 구입비 등
- 후생비 : 사용인에 대한 의료·위생·위안 등에 지출하는 비용으로 직장 체 육비, 야유회비 등
- 사업주가 부담하는 국민연금
- 기타 이에 준하는 성격으로서 피복비, 경조비, 회식비, 간식비 등

복리후생비는 종업원의 사기에 직접적인 영향을 미친다. 따라서 복리후생과 관련된 항목들은 심도 있게 검토하고 집행기준을 세워 시행하는 것이 중요하다. 물론 항목에 따라서는 사규에 반영해야 하는 것들도 있다. 경조비가 그 예다.

경조비는 모든 종업원과 직접적인 관련을 맺기 때문에 대부분의 회사들이 금전과 휴가 등으로 시행하고 있다. 경조사에는 통상 본인의 결혼, 부모의 회갑, 상, 자녀 돌 등이 있다. 이러한 경조사에서 발생한 비용은 원칙적으로 무리한 금액이 아니라면 모두 비용으로 인정된다.

한편 복리후생비는 통상 인건비의 10% 내의 수준에서 사용되는 경우가 보통이나, 복리후생비가 총인건비의 20%를 넘지 않도록 주의하자. 이를 넘어서면 불성실 신고자로 분류된다.

에헤라디야~ 접대비

접대비 또는 대외업무활동비란 사업하면서 거래처나 이해관계자 및 지역 사회와의 교제를 위해 지출한 비용을 말한다. 식대와 각종 경조사비 등이 접대비에 해당한다. 즉 사업과 관련 있어야 하며 종업원이 아닌 거래처 등에게 접대나 향응을 제공하면서 쓰는 비용을 말한다.

다음과 같이 지침을 만들어 접대비(기업업무추진비)로 지출하는 것이 좋다.

① 접대비(기업업무추진비) 한도액 내에서 쓰자

중소기업의 경우에는 연간 3,600만 원, 일반 법인은 1,200만 원이 접대비 한도액이다. 그 한도 안에서 사용하면 비용으로 인정되며, 수입금액이 100억 원이 되지 않으면 수입금액의 30/10,000을 추가로 인정받을 수 있다. 이 외 문화접대비(공연·전시회·박물관 입장권, 체육 활동 관람권 구입 비용, 비디오물, 음반·음악 영상물, 간행물 구입 비용, 관광 공연장의 입장권, 100만 원 이하 증정용 미술품 구입 비용)를 지출하는 경우 일반 접대비 한도액의 20% 내에서 추가로 인정한다. 참고로 2025년부터 부동산 임대업을 중소기업 업종에서 제외할 예정이다. 이렇게 되면 이 업종의 접대비 기본 한도액이 연간 3,600만 원에서 1,200만 원으로 인하될 것으로 보인다.

② 증빙 수취에 유의하자

3만 원을 초과하여 지출하는 접대비는 무조건 사업주의 카드를 사용해야 된다. 현금으로 내거나 가족 명의의 카드로 쓰는 것은 비용 처리가 안 된다. 단, 경조사비는 건당 20만 원까지는 적격 영수증 없이 비용 처리가 가능하다. 물론 청첩장 사본 등이 구비되어야 사후에 문제가 없다. 알아 두면 좋을 정보에 해당한다. 참고로 개인사업자들이 세무서에 등록한 사업자카드를 사용할 때 업무와 관련 없이 과다하게 지출하는 경우 세무리스크가 올라갈 수 있다. 따라서 사업자카드는 업무와 관련된 지출에 주로 사용하는 것이 좋을 것으로 보인다.

상품권 세무회계 처리

백화점상품권이나 문화상품권 등 상품권을 구입하여 사용할 때의 회계와 세무를 살펴보자. 우선 상품권은 자산에 해당한다. 구입할 때 자산 항목으로 회계처리하고 용도에 맞게 사용해야 한다. 물론 상품권은 재화나 용역을 공급하는 거래가 아니므로 적격 영수증 수취 대상이 아니다. 하지만 이를 사용하는 경우에는 적격 영수증을 구비하여야 가산세 등을 물지 않는 등 문제가 없음에 유의하자.

① 접대비로 지출하는 경우
3만 원을 초과하여 접대비로 지출할 경우에는 신용카드(법인, 개인사업자 명의)로 구입된 상품권이어야 한다.

② 복리후생비로 지출하는 경우
상품권을 복리후생비로 지출하는 경우 손금이나 필요경비로 인정이 된다. 이때 상품권 소득은 근로소득에 합산될 수 있다.

③ 기타 비용으로 지출하는 경우
상품권을 유류대나 도서비 등으로 사용하는 경우 적격 증빙(세금계산서나 계산서 등)을 수취하면 된다. 다만, 적격 증빙을 수취하지 못하면 가산세 2%를 부담하나 사업 경비로 인정받을 수 있다.

※ 저자 주
상품권 구입액이 큰 경우에는 지급처가 확인되어야 최종적으로 비용으로 인정될 수 있다. 요즘 이에 대한 관리가 강화되고 있으므로 주의하기 바란다.

감가상각에도
절세하는 방법이 있다

폼생디자인사 회의실. 상반기 실적 보고와 하반기 계획을 설명하는 자리였다.

"아시다시피 올해 상반기 실적은 여러분들의 노력에 힘입어 목표치를 훨씬 넘었습니다. 하반기에도 분발하여 회사에 기여했으면 합니다."

이대박 사장은 점잖은 투로 말했다.

"상반기에는 주로 학원과 병의원을 대상으로 사업을 펼쳤는데, 이제부터는 카페나 식당 등 생활과 밀접한 곳도 수주할 생각입니다."

"그럼, 이번 하반기에는 인원도 보강하고 장비도 보강해야 될 것 같은데요?"

설계팀의 강탄탄 팀장이 하는 말이었다.

"그래요. 이번 하반기 경영 목표에 대해서는 내가 맡을 테니 인원 운영 계획과 투자 계획은 강탄탄 팀장과 조억만 대리가 협의하여 보고서를 만들도록 해요. 물론 필요한 자료는 수시로 갖다 쓰고……."

회의를 마치자마자 강 팀장과 조 대리는 머리를 맞대고 인원 계획과 장비 도입 계획을 세웠다.

"저, 사장님! 다 되었습니다. 인원은 총 3명 보강하면 될 것 같고요, 장비는 용량이 큰 것을 구입하면 될 것 같습니다. 가격은 견적을 받아 절충하면 될 것 같은데, 대략 3,000만 원 정도 들 것 같습니다."

"조 대리! 우리 회사 입장으로 보면 정률법으로 상각하면 좋겠네?"

"그렇습니다."

감가상각 방법에는 정액법과 정률법이 있다

감가상각은 어느 회사를 막론하고 비용 중 중요한 위치를 차지하고 있다. 어떻게 관리하느냐에 따라 세금에 차이가 있다. 따라서 실무자든 사장이든 관계없이 이에 대한 관심을 갖고 있어야 한다.

유형자산은 시간이 경과함에 따라 소모되거나 파손되고 경제적 여건의 변화 등으로 인해 효용가치가 점차 감소한다. 이 감소분을 측정하여 비용으로 처리하는 것은 매우 어렵다. 따라서 자산의 내용연수에 걸쳐 감가상각비를 체계적으로 측정하는 방법이 필요하다. 크게 정액법과 정률법으로 구분해 볼 수 있다.

'정액법'은 내용연수에 따라 균등하게 감가상각비를 배분하는 방법이며, '정률법'은 사업 초기에 감가상각비가 많이 계상되도록 하는 방법이다. 산식 적용은 다음과 같이 한다.

- 정액법 : 취득금액÷n(신고 내용연수)
- 정률법 : 미상각 잔액×상각률
  - 미상각 잔액 = (취득가액 - 감가상각 누계액)
  - 정률법 상각률 : 4년 0.528, 5년 0.451, 6년 0.394

감가상각비는 사업자 마음대로 장부에 계상할 것인지 결정할 수 있다. 즉 기업이 당해 사업연도에 감가상각비를 비용으로 인정받기를 원하면 장부에 계상하면 된다. 결손이 발생해 추후에 계상하기를 원하면 나중에 장부에 계상할 수도 있다.

따라서 감가상각비는 임의 계상할 수 있으며 세금 조절이 가능하다. 이에 대해 세법은 과세 형평을 내세워 과도한 세금 조절이 안 되도록 여러 가지를 규제하고 있다. 예를 들면 자산의 종류에 따라 상각 방법을 달리 정하고, 내용연수의 범위를 정하고, 상각 한도액을 정하여 그 범위 안에서만 비용으로 인정하는 것들이 있다.

규제의 물결을 넘어서는 절세 전략

취득한 자산의 종류에 따라 절세 방법을 요약하면 다음과 같다.

건물의 경우에는 정률법을 사용할 수 없고 정액법으로만 감가상각하여야 한다. 따라서 건물이 본인 소유라면 내용연수를 짧게 30년으로 정하고 정액법을 사용하면 된다. 다만, 중고 자산의 경우에는 연수를 단축할 수 있다.

건물 외 나머지 자산들은 정액법과 정률법 중 하나를 선택하여 계속 적용할 수 있다. 따라서 조기에 감가상각비를 많이 계상하려면 정률법을 선택하고 내용연수도 5년이 아니라 4년으로 단축하면 된다.

자산 종류	상각 방법	신고 내용연수
건물	정액법만 가능	30년 선택(30~50년)
시설 장치(인테리어)	선택 가능	4년(4~6년)
기계장치	선택 가능	4년(4~6년)
비품(컴퓨터, 간판 등)	선택 가능	4년(4~6년)

※ 토지는 감가상각 대상 자산이 아니므로 상각하지 못한다. 따라서 부동산을 일괄 구입하는 경우 토지와 건물을 일정한 기준에 따라 안분하고 건물에 대해서만 감가상각을 해야 한다.

정액법과 정률법의 세금 효과를 따져 보자

어떤 기업이 컴퓨터를 100만 원 주고 샀다. 기준 연수는 5년이나 조기 상각을 위해 내용연수를 4년으로 단축하려고 한다. 이때 정액법과 정률법에 의한 세금 효과가 차이 나는지 확인해 보자. 단, 한계세율은 38.5%, 정률법 상각률은 52.8%이다(미상각 잔액은 최종 연도에 전액 상각 가정).

(단위: 원)

구분	정액법 ①	정률법 ②	차이 ③ = ① − ②	절세 효과 (③×38.5%)
1차 연도	250,000	528,000	△278,000	△107,030
2차 연도	250,000	249,216	784	302
3차 연도	250,000	117,630	132,370	50,962
4차 연도	250,000	105,154	144,846	55,766
계	1,000,000	1,000,000	0	0

- 정액법: 1,000,000원 ÷ 4년 = 250,000원
- 정률법: 1차 연도 1,000,000원 × 52.8% = 528,000원
  2차 연도(1,000,000원 − 528,000원) × 52.8% = 249,216원

위 표에서 보듯이 화폐의 시간 가치를 무시하면 4년 동안 양자의 절세 효과는 같다. 다만, 절세 효과가 나타난 시기만 다를 뿐이다. 즉 사업 초기에는 정률법이 크고 후기에는 정액법이 크다. 따라서 초기에 절세하고 싶은 경우에는 정률법을 선택하면 된다. 단, 건물의 경우에는 정액법으로만 하도록 정해져 있다는 것에 유의하자.

TIP

정액법을 정률법으로 변경할 수 있을까?

결론적으로 말하면, 한번 정해진 감가상각 방법을 변경하는 것은 다음을 제외하고는 가능하지 않다.

- 상각 방법이 다른 법인과 합병하는 경우
- 상각 방법이 서로 다른 사업자의 사업을 인수 또는 승계한 경우

- 해외시장의 경기변동 또는 경제적 여건의 변동으로 인하여 종전의 상각 방법을 변경할 필요가 있을 때 등

참고로 신규로 구입하는 자산은 종전의 상각 방법과 다르게 선택할 수 없다. 예를 들어, 기업이 기존에 구입한 비품에 대해 정액법을 적용하고 있다면 신규로 들여온 비품에 대해서도 정액법을 사용해야 한다.

TIP

사업용 유형자산의 처분 손익 세무 처리법

비품이나 기계장치 또는 차량 운반구 등을 처분하여 발생한 손익에 대해서는 어떤 식으로 처리할까?

① 비품
복식부기 의무자(업종별로 수입금액이 3억 원, 1억 5,000만 원, 7,500만 원 이상인 개인사업자)가 2018. 1. 1. 이후 양도하는 사업용 유형고정자산에 대하여 양도 가액을 총수입금액에, 장부가액을 필요경비로 산입한다. 즉 처분 손익을 장부에 반영해 세무 처리를 해야 한다. 참고로 2018년 이전에 취득한 사업용 유형 고정자산이라도 처분 손익을 장부에 계상해야 한다.

② 기계장치
기계장치나 의료 장비와 같은 유형도 위 ①과 같이 처리한다. 다만, 「기계관리법 시행령」 별표1에 따른 건설기계에 해당하는 경우에는 2020. 1. 1. 이후 양도분부터 처분 손익에 대해 과세한다(2년간 과세 유예).

③ 차량 운반구
- **업무용 승용차**
  복식부기 의무자가 2017. 1. 1.(성실신고확인 사업자는 2016. 1. 1.) 이후 양

도하는 업무용 승용차에 대해서는 양도가액을 총수입금액에, 장부가액을 필요경비로 산입한다. 2017년 이전에 취득한 업무용 승용차라도 처분 손익을 위와 같이 장부에 계상해야 한다.

– 업무용 승용차 외

위의 ①처럼 처리한다. 참고로 시설의 개체 또는 기술의 낙후로 인하여 생산설비의 일부를 폐기한 경우에는 당해 자산의 장부가액에서 1,000원을 공제한 금액을 폐기일이 속하는 사업연도의 필요경비로 처리할 수 있다.

※ 저자 주

2018년 1월 1일 이후부터 복식부기 의무자로서 감가상각 대상 자산인 유형고정자산을 양도하여 발생한 소득을 총수입금액에 산입하고, 그 장부가액을 필요경비로 산입하고 있다. 그런데 여기서 쟁점은 개인사업자의 기장의무 및 성실신고 대상 여부를 판단할 때, 사업용 유형고정자산의 양도금액을 포함해 이를 판단해야 하느냐 하는 것이다. 이에 대해 과세관청은 이의 금액을 제외한다는 규정이 없으므로 이를 포함해 판단한다고 한다. 하지만 기장의무 및 성실신고 대상 여부 판단은 사업자한테 매우 중요한 사안이므로, 기업회계상의 매출액을 가지고 판단하는 것이 타당하지 않을까 싶다. 이에 정부는 최근 법을 개정해 유형자산의 매각금액을 제외한 수입금액을 기준으로 성실신고 적용 여부 등을 판단하도록 하였다.

공짜로 차 한 대도 얻을 수 있다

　폼생디자인사는 요즘 한창 뜨고 있는 픽업트럭을 사기로 했다. 우선 모양이 기존 레저용 차와 비슷하고 화물칸에는 장비를 실을 수도 있으니 일석이조인 셈이었다. 또한 이제는 그 차가 화물용으로 분류되어 개별소비세가 과세되지 않고 부가가치세를 돌려받게 되니 그야말로 사업하는 사람들한테는 안성맞춤이었다.

　"조 대리, 픽업트럭이 화물차로 분류돼 개별소비세가 없다고 하는데 맞아? 그리고 공장도가격에 10%가 붙는 부가가치세는 환급받을 수 있나?"

　"글쎄요. 사업에 쓴다면 가능하지 않을까요?"

　"한번 알아봐요. 자동차 회사에 물어보면 정확하게 알 수 있을 것 같은데? 그 회사에도 경리부나 회계부가 있을 테니까."

사업자가 픽업트럭을 사면 어떤 세금 혜택이 있는지 알아보자.

사업용 자동차를 사면 세금 혜택이 있다

일반적으로 승용차를 사면 개별소비세, 교육세, 부가가치세가 줄줄이 붙는다. 예를 들어 2,000cc를 초과한 승용차의 공장도가격이 2,000만 원이라면 붙는 세금은 다음과 같다.

- 공장도가격: 20,000,000원
- 개별소비세: 20,000,000원 × 10% = 2,000,000원
- 교육세: 개별소비세의 30% = 2,000,000원 × 30% = 600,000원
- 부가가치세: (공장도가격 + 개별소비세 + 교육세) × 10% = 2,260,000원
- 소비자가격: 24,860,000원

승용차에 대한 개별소비세율은 2,000cc를 초과할 때 10%(그 이하의 경우 5%. 단, 1,000cc 이하는 면제)로 과세된다.

그 밖에도 취득세가 부가가치세를 제외한 금액의 7%로 부과된다.

- 취득세: (24,860,000원 - 2,260,000원) × 7% = 1,582,000원

따라서 2,000만 원짜리 승용차를 사면 취득하기 전까지의 세금은

644만 2,000원(개별소비세 + 교육세 + 부가가치세 + 취득세)이다. 무려 공장도가격의 32%를 차지한다.

그런데 사업자등록을 한 사람이 사업용 화물차(픽업트럭, 트럭, 승합차 등)를 사면, 개별소비세와 교육세도 없고 부가가치세를 환급받을 수 있기 때문에 세금이 거의 없다.

다만 승용차의 취득세는 7%이지만, 화물차는 4~5%로 낮아진다. 예를 들어 공장도가격이 2,000만 원인 픽업트럭을 사면 취득하기 전까지의 세금은 다음과 같다. 단, 취득세율은 4%로 한다.

- 취득세 : 20,000,000원 × 4% = 80만 원

위의 결과로 보면 승용차와 사업자용 화물차의 세금 차이는 무려 564만 2,000원(644만 2,000원 - 80만 원)이다.

그렇다면 사업용 자동차는 비사업용 자동차(승용차, 캠핑용 자동차)에 비해 혜택이 여기에서 그치는 것일까?

그렇지 않다. 차량을 보유하고 운영하면서 발생한 통행료, 주차료, 유류대, 수리비, 자동차세, 보험료 등 비용은 모두 사업자의 경비로 인정된다. 차량 본체 가격은 모두 감가상각비로 처리할 수 있다.

이런 혜택을 종합하면 사업자가 사업용 차 1대를 공짜로 산 것과 같은 결과가 나온다. 예를 들어 앞의 2,000만 원짜리 픽업트럭을 취득하여 사용하는 중 연간 차량 유지비용이 1,000만 원이고, 3년 안에 차량에 대한 감가상각비를 전액 처리하고, 한계세율이 38.5%라면 절세

효과는 다음과 같다.

- 취득 시 절약되는 세금: 5,642,000원
- 경비로 인한 절세 효과: (20,000,000원 + 30,000,000원) × 38.5%
  = 19,250,000원
- 유지비 부가가치세: 환급 가능
- 계: 24,892,000원

2,000만 원짜리 차를 샀는데 돌려받는 세금이 무려 2,500만 원 정도 된다.

기름값과 수리비도 부가가치세를 환급받는다

현행 부가가치세법에서는 비영업용 소형 승용차의 구입과 그 유지를 위한 재화에 대한 매입세액은 매출세액에서 공제하지 않도록 정해놓았다. 여기서 비영업용 소형 승용차는 개별소비세가 과세되는 8인 이하의 사람만이 탈 수 있게 제작된 일반 승용자동차, 지프형 자동차, 캠핑용 자동차라고 보면 된다.

따라서 폼생디자인사가 구입하려고 하는 픽업트럭은 화물자동차로 분류되므로 부가가치세를 전액 환급받을 수 있다.

그렇다면 이런 혜택을 받기 위해서 주의할 점을 살펴보자.

이러한 차량 관련 비용은 반드시 사업 목적으로 사용하여야 한다.

물론 사업 목적의 사용 여부에 대한 판단은 자의적 요소가 있지만, 후일을 대비해서 차량 등록은 사업주 명의로 하고 차량 목록은 장부상 고정자산에 등재하도록 한다.

이렇게 하더라도 차량 관련 비용 중 유류대는 놀러 가서 주유했는지, 아니면 업무의 과정에서 주유했는지 논란거리가 될 수 있다. 하지만 자산 목록에 등재하는 등의 관리를 하며 사업에 적극적으로 이용했다고 주장하면 실무적으로 큰 문제는 없다. 한편 사업에 이용되는 화물차 같은 차량이라면 대수에 상관없이 관련 비용은 모두 세법상 인정된다. 하지만 승용차는 2016년부터 비용 규제를 받고 있는데, 이에 대해서는 아래 TIP을 참조하기 바란다.

TIP

업무용 승용차에 대한 비용 규제

사업자들이 업무용으로 사용하는 승용차에 대한 비용 규제가 진행되고 있다. 어떠한 점이 달라졌는지 이에 대한 대책은 무엇인지 알아보자.

〈달라진 점〉
① 승용차 관련 비용 한도 신설
승용차와 관련된 비용은 크게 감가상각비와 유지비(유류대, 보험료, 자동차세 등)가 해당된다. 종전까지는 고가의 승용차라도 제한없이 이러한 비용에 대해 전액 인정받았지만 현재는 감가상각비와 유지비용을 합해 원칙적으로 연간 1,500만 원(2019년 이전은 1,000만 원)까지 인정받을 수 있다. 다만, 이를 초과한 부분에 대해서는 운행일지를 작성해 업무용으로 사용했음을 증명하면 비용으로 인정된다.

② 승용차 처분이익에 대한 과세

종전에는 개인사업자가 승용차를 처분하여 처분이익이 발생하더라도 과세가 되지 않았다. 하지만 현재는 이 처분이익에 대해서 과세가 된다.

③ 승용차 2대 이상 보유 시 업무 전용 자동차보험 가입 의무

성실신고확인 대상 사업자나 전문직 사업자는 보유한 승용차 중 1대를 제외한 나머지 차량은 사업자나 직원이 운전한 경우만 보장되는 보험에 가입해야 한다. 이를 지키지 않으면 업무용 승용차 관련 비용의 50%(단, 성실 및 전문직 사업자는 0%)만 경비로 인정된다(2024년부터는 전체 복식부기 의무자로 확대됨).

〈대책〉

첫째, 개인사업자의 경우 이 제도를 적용받는지 정확히 따져 보아야 한다. 아래 표를 보면 개인사업자는 업종별 매출액의 크기에 따라 적용 여부가 달라진다. 법인사업자는 2016년부터 무조건 적용되고 있다.

2016년부터 적용되는 사업자	2017년부터 적용되는 사업자	규정이 적용되지 않는 사업자(영세사업자)
도·소매업 등 20억 원, 음식점업 등 10억 원, 서비스업 등 5억 원 이상인 경우	좌의 업종별로 3억 원, 1억 5,000만 원, 7,500만 원 이상인 경우	좌 외의 경우

둘째, 연간 차량 관련 비용이 1,500만 원 이하는 운행일지를 작성할 필요가 없으나, 이를 초과한 사업자는 운행일지를 사실대로 작성해야 한다. 한편 2대 이상 승용차를 운행하면 사업자 유형별로 업무 전용 자동차보험 가입 의무를 검토해야 한다.

셋째, 차량을 교체할 경우에는 가급적 고가의 차량 구입을 피하도록 한다. 다만, 1,000cc 이하의 경차와 9인승 이상의 승합차, 화물차는 규제 대상에서 제외하므로 이들은 신경 쓸 필요가 없다. 참고로 2022년부터 승용차 관련 비용 명세서를 미제출하거나 허위로 제출하면 1%의 가산세가 부과된다.

지출 보험료
자산인가, 비용인가

"조 대리, 차량과 관련하여 발생하는 비용들은 모두 경비 처리가 가능하다고 했지? 물론 자동차보험료나 유류대 등을 포함해서……."

"그렇습니다, 사장님."

"그런데 이런 생각이 들어. 우리 회사는 업무 특성상 외부 공사가 많아 직원들이 근무 중 다치면 치료비 등이 많이 나올 수 있는데, 이를 대비하는 차원에서 보험을 들어 놓으면 경비 처리가 가능한지……."

"아, 그건 제 짧은 지식으로 생각해 봐도 가능할 것 같습니다. 업무와 관련성이 높기 때문이죠."

"그런가. 결국 업무와 무관하게 보험을 가입하면 비용 처리는 힘들다는 뜻이군. 그렇다면 보험이 업무와 관련성이 있는지 없는지 어떻게 판단하는지 설명 좀 해 주겠나?"

"……."

조 대리는 답변을 할 수 없었다.

기업은 사업을 하면서 여러 가지 위험에 노출될 수 있다. 사업장에 화재가 발생하여 재산적 손실이 발생할 수 있고 사람에게 상해가 발생하여 고귀한 인적자원이 손상될 수도 있다.

이러한 위험을 대비하기 위해 기업은 보험을 든다. 따라서 이런 취지로 든 보험에서 발생하는 보험료는 당연히 기업의 비용으로 처리를 할 수 있다. 다만, 세법은 기업이 보험 제도를 오남용하는 경우 그 비용 처리를 제한하고 있다. 어떤 내용인지 살펴보자.

보장성 보험료는 100% 비용 처리 가능

일단 화재보험료나 자동차보험료 등 기업의 부동산이나 동산에서 발생한 손해보험료는 업무와 관련성이 있기 때문에 100% 비용 처리가 가능하다. 그리고 근로자인 개인의 소득과는 전혀 관계가 없다. 따라서 개인의 소득으로 처리할 수 없다. 다만, 개인이 부담할 성질의 것을 회사가 부담하면 당연히 개인의 소득으로 봐야 할 것이다.

그런데 사람에 대해 발생하는 보장성 보험료 처리는 다소 까다롭다. 자칫 기업의 돈을 개인에게 이전하는 등의 악용 소지가 있기 때문이다. 참고로 여기서 보장성 보험이란 상해나 질병 등을 위해 가입한 보험으로서 만기환급금이 없거나 보험료에 미달하는 보험을 말한다.

그렇다면 현행 세법은 어떤 입장을 취하고 있을까?

먼저 회사가 종업원을 위해 보험료를 지출하는 경우를 보자.

일단 회사에서 종업원을 위해(종업원이 보험수익자인 경우를 말함) 지출하는 보장성 보험료는 개인기업이든 법인기업이든 전액 비용으로 인정된다. 또한 이렇게 지출한 보험료는 개인의 근로소득에서 제외되어 근로소득세가 과세되지 않는 것이 원칙이다. 다만, 세법에서는 무분별한 보험료 지출이 되지 않도록 근로소득에서 제외되는 보험료를 환급이 전혀 되지 않는 단체로 들어 주는 순수 보장성 보험료와 보험료가 일부 환급되는 단체 환급부 보장성 보험의 보험료 중 연 70만 원으로 한정하고 있다. 따라서 이 외의 보장성 보험료는 개인의 근로소득을 형성하여 근로소득세가 과세된다. 예를 들어, 기업이 개인을 위해 종신보험에 가입을 한 경우 비용 처리는 되지만 개인에게는 근로소득세가 과세된다는 뜻이다.

한편 보험을 든 동안에 보험사고가 발생하여 보험금을 회사가 수령하면 이는 기업의 수익에 해당한다. 하지만 종업원이 직접 받으면 이는 개인의 소득에서도 제외되고 상속세나 증여세 과세 대상에서도 제외하도록 하고 있다.

다음으로 회사(법인기업에 한함)가 대표이사 등 임원을 대상으로 보장성 보험료를 지출하는 경우를 보자.

법인기업의 임원은 우월적 지위에 있다. 그 결과 기업의 비용 지출을 마음대로 할 개연성이 높다. 그래서 세법은 원칙적으로 보장성 보험료는 전액 비용으로 인정하지만 과도한 지출액은 비용으로 인정하지 않는다. 여기서 과도한 지출액이란 보험료 지출액이 사전에 정관, 주주총회 또는 이사회 결의에 의해 결정된 급여 지급 기준을 초과하는 것을 말한다. 즉 정관 등에서 규정한 금액을 초과하면 이를 비용으로 인정하지 않겠다는 것이다. 하지만 임원의 보수 지급 기준은 쉽게 고칠 수 있으므로 현실적으로 기업이 임원을 위해 지출하는 보험료는 전액 비용으로 인정된다고 할 수 있다. 다만, 기업이 임원을 위해 들어준 보장성 보험료는 종업원과는 달리 임원의 근로소득에 포함되어 근로소득세가 과세되는 것이 일반적이다(단, 법인이 수익자면 과세 불가).

저축성 보험료는 자산 처리가 된다

일반적으로 보장성 보험료는 기업의 자산인 사람을 보호하기 위해 가입한 것이므로 대부분 업무와의 관련성이 아주 높다. 따라서 비용으로 인정하는 것은 당연하다.

그런데 문제는 기업이 가입하는 변액보험 같은 저축성 보험이다. 보장성 보험과 성격이 다르므로 그에 적합한 처리 방법을 알아 둘 필요가 있다.

일단 이러한 저축성 보험에 대한 세무 쟁점은 딱 두 가지다. 하나는 저축성 보험료를 자산으로 처리할지 비용으로 처리할지 이를 구분하

는 것이다. 또 하나는 개인 및 임원의 근로소득을 형성하는가 하는 것
이다.

일단 이러한 문제는 국세청의 해석에 의존해 풀 수 있지만 그 이전
에 논리적으로 문제 해결을 해 보자.

먼저, 보험료는 자산인가 비용인가

자산은 미래 현금흐름을 가져오는 재산을 말한다. 따라서 저축성
보험은 추후 만기 시 이자를 포함한 환급금이 발생하므로 당연히 자
산처리를 해야 한다. 다만, 보험료 중 일부는 사업비 등으로 분류가 가
능하니 이 부분은 비용 처리하는 것이 옳다.

둘째, 보험료 지출액이 개인의 근로소득을 형성할 것인가

일단 보험수익자가 법인이라면 이는 개인의 소득과는 무관하다. 따
라서 개인이 피보험자가 되더라도 수익자가 법인이라면 개인은 안심
해도 괜찮다. 그런데 문제는 개인이 보험수익자가 되면 과세 방식이
바뀔 수 있다는 것이다. 이렇게 되면 당연히 개인의 근로소득을 형성하
므로 근로소득세(단, 퇴직금으로 처리 시는 퇴직소득세)를 부과해야 한다.

결국 기업이 부담한 보험료는 먼저 비용인가 아닌가를 구분하고,
개인의 소득을 형성하는지를 추가로 따져 보면 그렇게 어렵지 않게
실무에 적용할 수 있다. 예를 들어 기업이 대표이사를 피보험자로 하
고 보험수익자를 법인으로 하는 변액연금보험에 가입했다고 하자. 이

경우 보험료 자체는 자산과 비용으로 나눠 회계 처리를 하게 된다. 대표이사는 획득한 소득이 없으므로 근로소득과는 무관하다. 다만, 대표이사가 수익자가 되면 대표이사의 근로소득(퇴직 시는 퇴직소득)으로 처리하여야 한다. 따라서 실무적으로 대부분의 보험계약은 법인이 수익자로 되는 것이다.

참고로 기업이 지출하는 보험료와 관련한 세무 처리 방식에 다음과 같은 국세청 예규가 크게 작용하고 있다. 보험에 관련된 세제가 아직 정착되지 않은 관계로 많은 혼란이 있다. 예규가 아닌 법으로 이 부분이 정비되어야 할 것으로 보인다.

> **관련 예규** : [서면2팀 – 1662, 2006. 8. 30.]
>
> ① 법인이 피보험자를 임원(대표이사 포함) 또는 종업원으로, 수익자를 법인으로 하여 보장성 보험과 저축성 보험에 가입한 경우, 법인이 납입한 보험료 중 만기환급금에 상당하는 보험료 상당액은 자산으로 계상하고, 기타의 부분은 이를 보험기간의 경과에 따라 손금에 산입하는 것이다.
> ② 법인이 피보험자를 임원(대표이사 포함) 또는 종업원으로 하고, 계약자 및 수익자를 법인으로 하여 납입한 보험료는 피보험자인 임원 및 종업원의 근로소득으로 볼 수 없다.
> ③ 법인이 보험계약자이고 임원이 피보험자 또는 수익자인 경우, 법인이 납입한 보험료 중 법인세법 시행령 제43조의 규정에 따라 정관과 주주총회 또는 이사회 결의에 의해 결정된 급여 지급 기준을 초과하는 금액은 손금불산입하여 상여 처분한다.
> ④ 법인이 보험계약자이고 종업원이 피보험자 또는 수익자인 경우 법인이 납입한 보험료는 종업원의 급여로 보아 손금산입한다.

내 핸드폰 요금도
당당하게 청구하자

"돈투명 씨! 15일 뒤 유럽 출장 있는 것 알죠? 설계팀 강 팀장 것과 같이 항공권 예약 좀 해 주세요."

이대박 사장은 얼마 전에 입사한 돈투명 씨에게 업무를 지시했다.

"사장님! 세계 인테리어 박람회에 가시는 거죠?"

"맞아요. 출장 여비는 사규대로 해서 주세요."

"알겠습니다."

돈투명 씨는 대답을 시원하게 했지만 혼자 처리하기에는 아직 역부족이라 얼마 전에 승진한 조억만 과장한테 물어볼 수밖에 없었다.

"과장님! 항공권 예약은 여행사를 통해서 하면 될 것 같은데, 출장 여비는 어떻게 계산하나요? 사규대로 해 달라고 하시던데요?"

"자, 여기 사규 있으니 잘 보고 계산하면 될 거야. 참! 내일 직원들 외근비와 핸드폰 요금 정산하는 날인데, 자료 받았어요?"

"아뇨."

"그럼 오늘 공지해서 적어도 내일 오전까지 받아서 지급하도록!"

해외 출장은 반드시 회사 일로 가야 한다

개인회사의 사업주나 직원이 사업과 관련하여 해외 출장을 가면 관련 비용은 여비교통비로 인정된다. 물론 복리후생 목적으로 해외여행을 가는 경우도 인정된다.

그렇다면 출장 목적이 불분명하거나 관광 성격이 포함되어 있는 경우 과연 비용으로 인정받을 수 있을까?

이는 사실판단에 따라 출장 목적이 사업과 관련 있다고 확인되면 비용으로 인정되어야 할 것이다. 즉 사업 목적이나 복리후생 목적이 있다면 비용으로 인정된다.

일반적으로 법인기업에서 해외 출장을 가는 경우에는 품의서를 작성하고 사장(위임전결규정에 의해 본부장도 가능)의 결재를 얻어야 하는 등 내부 통제 기능이 있으므로 세무상 문제가 되는 경우는 극히 드물다.

하지만 개인회사의 경우에는 이를 통제할 만한 조직이 없으므로 해외 출장과 관련되는 서류 준비에 만전을 기해야 한다. 자칫 해외 출장 비용이 부인될 소지가 있기 때문이다.

폼생디자인사의 이 사장과 강 팀장이 인테리어 박람회에 참가하는 경우, 관련 카탈로그 등을 비치하고 출장을 갔다 온 후에는 출장보고서를 비치하도록 하자. 물론 해외 출장비와 관련되는 비용은 사규에 의해 지급하면 좋으나, 사규가 없는 경우에는 지급 근거를 남기고 사회통념상의 수준을 벗어나지 않도록 하자.

외근비는 한꺼번에 정리하라

외근비나 국내 출장 여비 등에 대한 지급 규정은 사규에 반영한 후에 시행하는 것이 중요하다. 자칫 사소한 지출 때문에 불필요한 오해를 살 수 있는 여지가 있기 때문이다.

'돈 몇 푼 때문에 쩨쩨하게 구나' 하고 생각할지 모르지만, 현실은 그렇지 않다.

외근이 자주 있는 경우에는 기록해 두었다가 한꺼번에 지급하는 것이 편리하다. 한편 업무상 택시를 이용하는 경우가 있다. 사업주로서는 가급적 대중교통을 이용하기를 원하나, 직원 입장에서는 택시를 이용하길 바라는 면이 있으므로 이해가 상충된다. 따라서 이러한 경우에도 미리 이용 및 지급 범위를 정하여 시행하는 것이 좋다.

내 핸드폰을 회사 일로 쓸 때 경비 인정이 되나?

원칙적으로 회사 소유의 핸드폰을 업무에 사용하면 관련되는 비용은 모두 경비로 인정된다. 따라서 대부분의 회사에서는 회사 소유의 핸드폰을 임직원들에게 나누어 주고 있다.

물론 회사 핸드폰이라고 해서 사적으로 사용하지 말라는 것은 비현실적이다. 따라서 회사 소유의 핸드폰이면 개인적으로 사용하건 공적으로 사용하건 전화료에 붙는 부가가치세를 환급받고 전화료는 통신비로 처리된다.

그렇다면 개인 소유의 핸드폰을 회사 업무용으로 쓰면 어떻게 될까?

이론상으로는 개인 핸드폰을 회사 업무에 사용하여 발생한 비용은 인정되어야 한다. 하지만 이를 어떻게 구분할 수 있다는 말인가? 그리하여 대부분 개인이 사용하는 핸드폰 요금은 회사 비용으로 처리할 수 없는 게 현실이다. 다만 업무 특성상 개인의 핸드폰 사용이 불가피한 경우로서 보조금 지급 규정이 있다면 이는 통신비로 인정될 것이다. 예를 들면 한 달에 얼마씩 핸드폰 요금을 회사에서 보조하면 그 비용은 통신비로 계상할 수 있다는 것이다.

거래 내역 관리 요령

자체적인 회계프로그램이 없는 경우나 외부에 회계 처리를 위임하는 경우 다음과 같은 양식으로 비용을 관리해 보자. 특히 회계 처리를 외부에 위임한 경우다음과 같은 양식 등으로 자세한 정보를 제공해 주는 것이 필요하다. 참고로 영수증은 일자별로 정리하면 된다.

① 개인회사의 경우

날짜	계정과목	내용	거래처	금액	세금계산서 수취 여부	비고
10월 1일	복리후생비	점심 식대	맛있어식당	10,000원	×	카드
10월 3일	비품	컴퓨터 구입	컴퓨터세상	1,100,000원	○	–
10월 5일	접대비	거래처 접대	굴정식	500,000원	×	카드

② 법인회사의 경우

법인회사의 경우에는 자금 지출 내역이 통장 내역과 일치되어야 하므로 자금일보를 작성하는 동시에 전표(출금, 입금, 대체전표) 처리하여 거래 내역을 투명하게 만들 필요가 있다.

참고로 개인이든 법인이든 사업자 명의로 된 카드를 사용한 경우에는 일일이 영수증을 모으지 않고 카드사용내역서만을 가지고 경비 처리를 할 수 있다. 이 내역서도 카드 매출전표와 같은 기능이 있기 때문이다. 다만, 일일 결산을 하는 경우에는 카드 매출전표로 하는 것이 좋다.

사업자카드 만드는 방법

많은 개인사업자들이 국세청에 등록한 사업용 신용카드로 물품 구입비 등을 결제하는 경우가 많다. 부가가치세나 소득세 등을 신고할 때 간단한 조회만을 통해 신고를 마칠 수 있는 등의 장점이 많기 때문이다. 이하에서 사업자카드를 만드는 방법 등을 알아보자. 참고로 사업자카드 사용은 의무가 아닌 사업자의 선택 사항에 해당한다.

첫째, 사업자카드는 어떻게 등록하는가?

사업자카드는 별도 카드로 발급받는 것이 아니라, 사업자가 가지고 있는 신용카드를 국세청 홈택스에서 등록하면 그 카드가 바로 '사업자카드'가 된다. 공인인증서를 이용하여 홈택스 홈페이지 [조회/발급 → 현금영수증 → 사업용 신용카드] 메뉴에서 등록한다.

둘째, 사업자카드는 몇 장까지 등록할 수 있는가?

대표자 등의 명의로 50장까지 등록할 수 있다. 다만, 여기서 주의할 것은 대표자가 아닌 경우에는 등록할 수 없다는 점이다. 사업자카드 등록 단계에서 신용카드사에 본인 여부를 인증하는 절차를 거치기 때문이다.

참고로 사업자카드를 사적인 용도로 사용하는 경우 세법상 제재는 하지 않지만, 과도하게 사용하면 사후 검증 대상으로 분류되는 등 세무리스크가 올라갈 수 있다. 따라서 업무와 관련 없는 지출은 과도하지 않도록 관리할 필요가 있다. 실제 종합소득세 신고 전 국세청에서 보낸 안내문을 보면 사업자들이 어떤식으로 카드를 사용했는지가 나와 있다. 이는 국세청이 카드 사용 실적을 유심히 보고 있다는 것을 의미한다. 한편 사업자가 지출할 때 받은 증빙은 원칙적으로 5년 이상 보관해야 한다. 하지만 사업자카드의 경우 그 사용 내역이 국세청 등에 보관되어 있으므로 이를 보관하지 않아도 되는 혜택이 있다.

영수증이
곧 돈이다

영수증을 종류별로 관리하면 세금이 줄어든다

"영수증은 곧 돈이다."

이 말은 영수증으로 거래 내역을 확인해야만 세금 혜택을 누릴 수 있음을 의미한다. 물론 과세당국은 이 영수증뿐만 아니라 자금 관계까지 투명하게 하기를 요구한다. 사정이 이러하니, 눈으로 직접 보이는 영수증이 가장 중요한 거래 사실에 대한 증명임은 두말할 필요가 없다.

그러나 회사에서 이루어지고 있는 거래수가 헤아릴 수 없을 정도인데 어떻게 영수증을 모은다는 말인가?

폼생디자인사의 경우, 창업 초기에는 지출 항목이 몇 개 안 되므로 그다지 신경을 쓰지 않아도 괜찮지만 거래가 복잡해질수록 정리해 두어야 한다.

폼생디자인사의 관리부 조억만 과장은 새로 들어온 돈투명 씨를 실무 교육에 참가시켜 익히도록 할 참이었다.

"투명 씨, 이번 교육은 앞으로 회계와 세무 업무를 하는 데 있어서 아주 중요한 기초가 되니까 잘 배워 오도록."

"알겠습니다."

돈투명 씨가 교육을 받고 와서 정리한 내용을 살펴보자.

먼저, 영수증의 종류부터 알아보자.

사업상 거래할 때 주고받는 영수증에는 세금계산서, 계산서, 간이영수증, 신용카드 매출전표, 현금영수증, 현금 매출전표, 금전등록기 등이 있다. 이러한 영수증 중 세금계산서, 계산서, 신용카드 매출전표와 현금영수증을 정규(또는 적격) 영수증이라고 하여 다른 영수증과 구별한다.

세금계산서 함부로 다루다가 큰코다친다

'세금계산서'란 사업자가 재화나 용역을 공급할 때 부가가치세를 거래 징수하고 이를 증명하기 위하여 공급받는 자에게 교부하는 증빙서류다. 따라서 세금계산서는 사업자에게는 아주 중요한 증빙서류에 해당한다. 세금계산서를 등한시하다가 돌이킬 수 없는 사태까지 이를 수 있다.

세금계산서 발행은 누가 할까?

사업자등록을 한 일반과세자가 한다. 다만, 일반과세자 중 세금계산서의 수수가 실익이 없는 최종소비자를 대상으로 하는 업종의 경우

평소에는 영수증을 교부하되 사업자가 사업자등록증을 제시하면 세금계산서를 교부해야 하는 경우가 있다.

- **원칙**: 일반과세자가 발행
- **예외 ①**: 영수증 교부 사업자는 사업자인 거래 상대방이 요구하면 발행해야 함(소매업·음식업·숙박업 등). 단, 신용카드 매출전표 교부 시에는 세금계산서 교부 불가
- **예외 ②**: 어떠한 경우에도 세금계산서를 발행할 수 없는 업종도 있음(목욕·미용업·이발업 등).

한편 영세한 사업자인 간이과세자는 세금계산서를 무조건 발행할 수 없다. 종종 간이과세자가 모르고 발행한 경우도 있으니 주의해야 된다(단, 2021. 7. 1.부터 4,800만~1억 400만 원 미만의 간이과세자는 세금계산서를 발행해야 함.).

일반과세자가 거래하는 모든 거래마다 세금계산서를 끊어야 하나?
일반과세자는 법인사업자와 개인사업자 중 규모가 있는 사업자를 말하는데, 그들이 거래하는 상대방은 사업자일 수도 있고 비사업자인 소비자일 수도 있다. 그런데 사업자에게 세금계산서를 교부하는 것은 이해가 되나, 사업을 하지도 않는 사람들에게까지 세금계산서를 발행하는 것은 선뜻 이해가 되지 않을 것이다.
세법은 소매업·음식업·숙박업 등 영위자가 주로 사업자가 아닌 소

비자에게 물건을 팔 때는 세금계산서가 아닌 금전등록기나 간이영수증을 교부하도록 정해 놓았다. 물론 소비자가 받지 않으면 쓰레기통으로 직행한다.

하지만 세금계산서만을 발행해야 하는 사업(제조업·건설업·도매업 등)은 비사업자에게도 원칙적으로 세금계산서를 발행(공급받는 자의 주민등록번호·성명·주소를 기재하면 됨)해야 가산세를 물지 않는다. 물론 신용카드 매출전표나 현금영수증을 교부하면 가산세는 없다.

세금계산서를 작성할 때는 절대적 기재사항에 유의하라.

세금계산서의 양식을 단순화시켜 보면 다음과 같다. 거래할 때는 2매 1조를 작성하여 공급자와 공급받는 자가 각자 한 장씩 보관한다.

세금계산서(공급자 보관용)*

공급자 등록번호 상호와 성명 사업장 주소		공급받는 자 등록번호 상호와 성명 사업장 주소	
작성 연월일	공급가액	세액	비고
합계 금액	현금	수표·어음	이 금액을 영수 청구함.

* 세금계산서의 형태가 위와 다른 경우에도 국세청장의 승인을 얻으면 동일한 효력이 있다. 전화 요금 영수증 등이 이에 해당한다. 참고로 매출액이 1억 원(2024. 7. 1. 8,000만 원) 이상인 개인 사업자는 원칙적으로 전자세금계산서를 발행해야 한다. 이에 대한 자세한 내용은 114쪽을 참조하기 바란다.

세금계산서를 작성하여 교부할 때는 필수적 기재 사항(굵은 표시)과 임의적 기재 사항으로 구분된다. 필수적 기재 사항은 누락되거나 사실과 다르지 않도록 주의한다. 만일 이를 어길 경우에는 사실과 다른 세금계산서가 되어 가산세 등의 불이익이 뒤따른다.

세금계산서를 받는 경우 다음에 유의하라.

- 공급하는 사업자의 등록번호와 성명 또는 명칭
- 공급받는 자의 등록번호
- 공급가액과 부가가치세액
- 작성 연월일

원칙적으로 사업을 위해 수취한 세금계산서상의 매입세액은 공제가 된다. 그런데 매입 세금계산서가 허위로 판명 나는 경우에는 예기치 않는 손해를 보게 되므로 주의를 요한다. 사업자는 다음과 같은 사항을 주의해야 한다.

- 세금계산서 발행자와 실제 거래자가 같은가? 이는 국세청 홈택스에서 사업자 상태란을 조회하면 상대방이 정상적인 사업자인지 알 수 있다.
- 물품 대금은 가능한 은행을 통해 송금하고 어음이나 수표를 지급한 경우 자필 서명을 한 원본을 복사하여 보관한다.
- 사실과 다른 세금계산서, 즉 공급 시기와 공급 수량 등이 실제와 다른 세금계산서는 아예 수취하지 말자. 만약 세금계산서를 돈 주

고 사는 경우에는 나중에 발각될 확률이 아주 높다는 것을 명심하라. 그때 가서 후회한들 어느 누구도 도움을 줄 수 없을 것이다. 왜냐하면 이런 거래는 과세 근간을 송두리째 부정하는 가장 안 좋은 거래 중 하나에 해당하여 가차 없이 불이익을 주기 때문이다.

말썽 많은 간이영수증

간이영수증은 공급받는 자의 등록번호와 부가가치세액을 별도로 기재하지 않는 증빙서류를 말한다. 금전등록기 영수증과 현금 매출전표 등이 간이영수증에 포함된다.

간이영수증 발행은 누가 하나?

간이과세자와 일반과세자 중 최종소비자를 대상으로 하는 업종(소매업, 음식업, 숙박업 등)의 사업자가 한다. 쉽게 말해 우리 생활과 밀접한 업종의 사업을 영위하는 사업자들이 발행한다.

기재할 때 유의할 사항은 무엇인가?

간이영수증에는 공급받는 자의 인적사항이 없으므로 증빙으로서의 역할을 기대할 수 없다. 따라서 기재 시 유의하여야 할 사항은 거의 없다. 흔히 식당 등에서 주는 간이영수증을 생각하면 된다.

3만 원이 넘는 거래에 대해서 원칙적으로 세금계산서나 신용카드 매출전표를 받게 되어 있다. 만약 이를 어길 경우에는 거래금액의 2%

를 증빙불비 가산세로 부과한다. 거래금액이 낮은 이유는 백지 간이 영수증이 남발되고 있어 이를 이용한 소득금액의 탈루를 더 이상 방치하지 않겠다는 것이다.

한편 거래를 하다 보면 정형화된 영수증(세금계산서나 간이영수증 등)을 사용하지 못하는 경우가 많다. 예를 들어 일용근로자에게 용역을 제공받고 대금을 지급하는 경우에는 위와 같은 영수증을 사용하기가 거북하다. 따라서 다음과 같은 영수증을 구비(백지 위에 기록해도 된다)해 놓는 것이 좋다. 앞으로 이러한 영수증을 '일반영수증'으로 명하자.

참고로 이러한 일반영수증상의 금액이 큰 경우에는 자칫 세무 간섭을 받을 수 있음에 유의해야 한다. 가짜 비용으로 오해를 받을 수 있기 때문이다. 예를 들어 세금계산서 등을 끊지 않고 현금을 지급하면서 1억 원 상당액을 일반영수증으로 받아 비용 처리를 하면, 이 금액이 가짜 비용으로 오해를 받아 이에 대한 조사 등이 발생할 수 있다는 것이다.

(일반)영수증

지급 금액
받는 자
성   명
주민등록번호
주   소

상기 금액을 (   ) 대가로 정히 영수함.

200 년   월   일
수령자   (인)

간이영수증과 세금계산서 중 어떤 것이 유리할까?

대부분의 사업자들이 사업을 시작할 때 증빙을 어떻게 모을 것인지, 또 간이영수증과 세금계산서 중 어떤 것을 받아야 하는지 등 여러 가지 선택의 기로에 놓인다. 특히 부가가치세가 면제되는 품목을 취급하는 사업자(병의원이나 학원 등)들은 더욱 혼란스러워한다.

예를 들어 어떤 사업자가 개업 준비용으로 컴퓨터를 구입하려고 한다. 가격은 공급가 500만 원과 부가가치세 50만 원이다. 그런데 컴퓨터 공급자가 세금계산서 없이 간이영수증을 받으면 부가가치세 없이 500만 원으로 해 주겠다고 한다. 이를 수락하는 것이 좋을까? 분석에 필요한 세율은 15%를 가정한다.

먼저 컴퓨터를 사려는 사람이 일반과세자라면 거절해야 한다. 일반과세자는 컴퓨터 구입에 따른 부가가치세를 환급받기 때문에 간이영수증을 받을 필요가 없다. 자칫 간이영수증을 받았다가는 컴퓨터 구입 가격마저 인정받지 못할 수 있기 때문이다.

(단위: 만 원)

구분	세금계산서	간이영수증	차이	결과
구입 가격	△500	△500	0	-
절세 효과	75	75	0	-
현금흐름	△425	△425	0	차이 없음.

※ 세금계산서의 구입 가격에서 환급받을 수 있는 부가가치세액 50만 원은 제외되었다. 한편 절세 효과는 구입 가격에 적용 세율 15%를 곱하여 계산하였다.

컴퓨터 구입자가 면세사업자라면 승낙한다.

(단위 : 만 원)

구분	세금계산서	간이영수증	차이	결과
구입 가격	△550	△500	50	-
절세 효과	83	75	△8	-
현금흐름	△467	△425	42	간이영수증 유리

※ 면세사업자는 부가가치세액을 환급받지 못하므로 구입 가격에 부가가치세액이 포함된다.

　개업한 연도 초기에는 세금계산서보다 간이영수증을 받는 것이 현금흐름에 도움이 될 수 있다. 하지만 간이영수증을 받는 경우에는 거래 내역이 구체적으로 입증(통장 거래 등)되어야 한다. 만일 입증되지 않으면 감가상각비 자체가 인정되지 않을 가능성이 높기 때문에 그만큼 위험 부담이 있게 마련이다. 따라서 현실적으로 안정적인 비용 처리를 위해 세금계산서를 받고 있다.

　이번에는 신용카드 대신 현금으로 물건을 사는 경우를 보자. 예를 들어 컴퓨터를 사려고 하는데 신용카드로 사면 110만 원의 가격이지만, 현금으로 구입하면 20만 원을 할인해 준다고 하자. 이를 수락할 것인가? 분석에 필요한 세율은 15%이고 가산세는 없다고 가정한다.
　제의를 받은 사업자를 일반사업자와 면세사업자인 경우로 나누어서 살펴보자.

구분	일반사업자			면세사업자		
	신용카드	현금	차이	신용카드	현금	차이
거래금액	△1,000	△900	100	△1,100	△900	200
절세 효과	150	135	△15	165	135	△30
현금흐름	△850	△765	85	△935	△765	170

※ 일반사업자의 신용카드 거래금액에는 환급 가능한 부가가치세액 10만 원이 제외되었다.

일반사업자와 면세사업자의 경우 모두 현금으로 결제하는 것이 현금흐름 측면에서 좋다. 특히 면세사업자의 경우가 일반사업자보다 더 좋다.

다만, 실전에서는 현금 할인액의 크기에 따라 의사 결정이 달라질 수 있음에 유의하자. 또 현금을 주는 경우에는 대가를 지급한 증거가 확실해야 한다.

신용카드 매출전표의 2가지 모습

당신에게 "신용카드 매출전표는 돈입니까, 독입니까?"라는 물음을 던진다면 한쪽에서는 "돈(혜택)이다", 다른 한쪽에서는 "독(손해)이다"라고 할 수 있다.

이게 무슨 말일까?

신용카드와 관련된 이해당사자들의 수는 생각보다 어마어마하다.

카드 한 장 더 만들라고 떼쓰는 카드사, 신용카드 발급을 제어하려는 금융당국, 신용카드 사용으로 소득공제 받는 소비자, 신용카드 매출액이 올라서 아우성치는 사업자, 신용카드 매출액이 높아져 손뼉 치고 있는 과세당국……. 열거하기에도 숨이 찰 정도다.

이러한 이해당사자들 중에서 주로 혜택을 보는 층은 소비자이다. 연말정산 때 사용액에 대해 소득공제를 받을 수 있기 때문이다.

이와는 대조적으로 사업자들은 신용카드 매출액이 높아져 세원이 노출되는 비율이 높아진다. 어떤 업종의 경우에는 매출액의 대부분이 신용카드 매출로 채워지는 경우가 있다. 하지만 어떤 업종의 경우에는 아예 없거나 10~20%대에 머무는 업종도 생각보다 많다.

현명하게 쓰는 신용카드, 복덩이!

근로소득자가 재화나 서비스에 대한 대가로 신용카드나 직불카드(현금영수증 포함)를 사용한 금액이 연간 급여액의 25%를 초과한 경우, 그 초과액의 15%(직불카드 및 전통시장 사용분 등은 30~40%)를 공제한다. 다만, 연간 250만~300만 원(전통시장 사용분과 대중교통비 사용분 등은 200만~300만 원 추가)을 한도로 한다.

이를 정리하면 다음과 같다.

- 공제액 : (신용카드 사용액 – 총급여액×25%)×15%(30~40%)
- 한도 : 연봉 7,000만 원 이하 자 600만 원, 초과 자 450만 원

예를 들어 연봉이 3,000만 원인데 신용카드로 500만 원을 썼다면 소

득공제액은 없다. 3,000만 원의 25%인 750만 원에 미달하기 때문이다.

신용카드로 돈 버는 사업자

신용카드 매출전표를 발행한 사업자나 이를 받은 사업자에게도 일정한 혜택이 있다.

먼저, 매출전표를 발행한 사업자는 신용카드 매출전표 발행에 대한 세액공제를 받을 수 있다(단, 법인과 직전년도 공급가액 10억 원 초과 사업자는 제외).

이는 최종소비자를 대상으로 하는 개인사업자가 신용카드(또는 직불카드, 현금영수증 포함) 영수증을 발행한 경우에는 연간 1,000만 원(단, 매출액이 10억 원을 초과한 사업자는 제외)을 한도로 발행 금액의 1%를 부가가치세 납부세액에서 공제받을 수 있는 제도이다(단, 2026년 말까지 기타 사업자 0.65~1.3%. 그 이후는 0.5~1%로 단일화 예정).

다음으로 매출전표를 수취한 사업자는 매입세액공제를 받을 수 있는 수단이 된다.

현실적으로 사업자가 신용카드 매출전표에 의해 환급받는 경우는 문방구 등 소매점과 음식점 등에서 접대비가 아닌 복리후생비나 소모품비 등을 카드로 사용하고 부가가치세액이 별도로 기재된 매출전표를 받는 경우이다. 이때 환급은 매출전표가 아닌 카드명세서에 의해서도 가능하며, 앞서 보았듯이 국세청 홈택스를 통해 개인카드를 사업자카드*로 등록해 두면 부가가치세 신고 등을 손쉽게 할 수 있다.

사업자카드 등록은 최대 50장까지 가능하다.

＊ 사업자들은 사업자카드를 사용하는 것이 세금 관리 측면에서 유리하다.

신용카드 가맹점 미가입 시 받는 불이익

국세청장은 소매업·음식점업·숙박업 등 주로 사업자가 아닌 소비자를 대상으로 사업을 영위한 자에 대하여 신용카드 가맹점 가입 대상자로 지정하여 가입 지도를 할 수 있다. 가맹점 가입을 권유했는데도 정당한 사유 없이 가입하지 않은 경우에는 세무조사를 실시할 수 있다.

신용카드 가맹점 가입 지정 기준은 업종 구분 없이 연간 매출액이 2,400만 원 이상이면 족하다.

※ 2015년 이후부터는 자동차 수리업, 자동차 부품업, 전세버스 운송업, 장의 관련 서비스업의 경우 건당 거래금액이 10만 원 이상이면 의무적으로 현금영수증을 발행해야 한다. 이를 위배하면 가산세 20%(2018년 이전은 과태료 50%)가 부과된다. 이 제도는 주로 전문직업, 유흥주점업, 교습학원, 골프장 운영업, 장례식장업, 피부미용업 등 현금 수입 업종에 적용되고 있었다. 한편 2016년 7월 1일부터는 가구 소매업, 전기용품 및 조명장치 소매업, 의료용 기구 소매업, 페인트·유리 및 기타 건설자재 소매업, 안경 소매업, 2017년 7월 1일부터는 출장 음식 서비스업, 중고차 소매·중개업, 예술품 및 골동품 소매업 등도 이를 의무 발행한다. 또한 2018년 7월 1일부터는 악기 소매업, 자전거 및 기타 운송 장비 소매업, 골프연습장 운영업도 이를 의무 발행해야 한다. 기타 자세한 것은 소득세법 시행령 [별표 3의 3]을 참조하기 바란다.

> **TIP**
>
> ### 전자세금계산서 제도
>
> 전자세금계산서 제도는 종이 세금계산서 대신 전자적 방법으로 세금계산서를 발급하고 국세청에 전송하는 것을 말한다.

① 전자세금계산서를 발급해야 하는 사업자

모든 법인사업자와 사업장별 공급가액이 연간 1억 원(2023. 7. 1., 2024. 7. 1. 8,000만 원) 이상인 개인사업자는 의무적으로 이를 발급해야 한다(면세사업자에 대한 전자계산서 전송 제도는 법인의 경우 2015년 7월 1일부터, 개인사업자는 2016년 1월 1일부터 도입되었다).

② 전자세금계산서 발급 시기

전자세금계산서는 원칙적으로 재화나 용역을 공급할 때 공급받는 자에게 발급하여야 한다. 다만, 월 합계 세금계산서 등의 경우 예외적으로 공급 시기가 속하는 다음 달 10일까지 발급할 수 있다. 이때 발급 기한이 토요일 또는 공휴일인 경우에는 그다음 날까지 발급할 수 있다. 수정 전자세금계산서는 세금계산서를 발급한 후 그 기재 사항에 착오나 정정 등 대통령이 정하는 수정 사유(부가가치세법 시행령 제59조)가 발생한 때에 발급한다.

③ 발급된 전자세금계산서 국세청 전송 기한

전자세금계산서를 발급한 후 즉시 국세청에 전송함을 원칙으로 하되, 최소한 발급일 다음 날까지는 국세청에 전송되어야 한다. 참고로 국세청 e세로는 발급 즉시 전송되므로 별도의 전송이 필요 없으며 시스템 사업자(ASP, ERP 등)를 통하여 전자세금계산서를 발급한 경우 발급일은 전자서명을 한 날을 말한다.

④ 전자세금계산서 발급 시의 장점

- 국세청에 전송된 전자세금계산서는 별도로 출력하여 보관하지 않아도 된다.
- 국세청으로 전송된 세금계산서 관련 자료를 부가가치세 신고에 활용할 수 있다.
- 표준화된 전자세금계산서는 모든 시스템에서 호환이 가능하며, e세로 홈페이지에서 매출·매입 자료를 엑셀 형식(한 번에 1,000건 미만)으로 내려 받아 회사의 회계시스템 등에 연계시킬 수 있다.

계정과목별 증빙 수취 요령

돈투명은 조억만 과장에게 폼생디자인사에 맞는 증빙 수취 요령을 간략하게 보고했다.

"과장님! 증빙 수취 지침을 만들었는데, 한번 봐 주세요."

"그래. 수고했어."

돈투명이 요약 보고한 증빙 수취 요령을 살펴보자.

증빙을 수취해야 하는 거래의 대부분은 외부와의 거래로 인해 발생하는 계정과목들이다.

① 재료비·상품비 등

- 부가가치세 매입세액공제를 위해 세금계산서를 수취한다. 이러한 재료비나 상품비는 금액이 크다는 특성이 있으므로 품목이나 규격 등이 기재된 거래명세서를 수취하여야 한다. 대금 지급 시 영수증(현금을 주면 입금증, 신용카드로 결제하면 신용카드 매출전표)을 받아 보관한다.

② 접대비(기업업무추진비)

- 거래처 접대비(선물 대금): 3만 원 초과분에 대해서는 사업주의 신용카드를 사용한다.
- 거래처 경조사비: 20만 원 이하만 접대비로 인정되며 청첩장 등을 보관한다.

③ 복리후생비

- 식대·회식비: 결제할 금액이 3만 원을 초과하면 반드시 신용카드(현금영수증 포함)를 사용해야 한다.
- 경조사비: 직원에 대한 경조사비는 사규에 의해 지급한다. 그 범위는 사회통념상 받아들여지면 모두 인정된다. 경조사에 대한 증빙은 청첩장 사본을 첨부하고 일반영수증을 받아 보관하면 된다.

④ 여비교통비

- 외근비: 영수증을 받을 수 있는 것(택시 등)은 실비 정산하고, 대중교통인 경우에는 지출결의서와 일반영수증으로 갈음한다.
- 국내 출장비: 실비 정산한다.
- 해외 출장비: 실비 정산(다만, 사규에 의해 뒷받침되면 문제가 없음)한다.

⑤ 통신비

- 전화요금 영수증이나 우체국에서 발행한 영수증을 받는다.

⑥ 지급임차료

- 부동산 임대업자가 일반과세자이면 반드시 세금계산서를 수취한다. 만약 부동산 임대업자가 간이과세자라면 세금계산서를 발행하지 못하므로 이럴 때는 가급적 통장으로 송금하도록 하자.

⑦ 차량유지비

- 해당 업체가 발행하는 통행료 영수증, 유류대 영수증, 주차료 영수증을 수취한다.

⑧ 소모품비·사무용품비 등

- 3만 원이 넘는 거래에 대해서는 신용카드 매출전표(현금영수증 포함)를 받도록 하자. 물론 상대 업체가 세금계산서를 반드시 교부하는 업체이면 세금계산서를 받아야 한다.

⑨ 인건비

- 인건비는 영수증이 필요 없다. 다만, 급여대장을 만들어야 하고 급여 지급 내역을 관할 세무서장에게 신고하므로 지급 내역은 자동적으로 확인된다.

⑩ 유형자산 등

- 컴퓨터 등을 구입할 때는 위의 소모품비 등의 경우처럼 일반 규정에 따라 영수증을 받아야 한다.

증빙을 수취할 수 없다면

사업을 하다 보면 증빙을 수취할 수 없는 경우가 종종 있다. 이렇게 되면 소득세나 법인세를 계산할 때 경비로 인정받기가 상당히 힘들어진다. 그 결과 소득세나 법인세가 상당히 많아지므로 매출을 누락하거나 가공 경비를 계상하여 신고할 가능성도 높아진다.

따라서 기업을 탄탄하게 운영하기 위해서는 무슨 일이 있더라도 사업과 관련된 지출 증빙을 받아 두는 것이 좋다. 다만, 부득이 증빙을 수취하기 힘든 경우에는 다음과 같이 하자.

- 거래명세서와 기타 지출 근거를 확보하자.
- 거래명세서가 없다면 지출 기록이라도 하자. 언제 누구에게 어떤 물건을 구입했는지 일자별로 정리해 두는 것도 하나의 요령이다.
- 지출은 사업용 계좌를 적극적으로 이용하자. 사업용 계좌에서 인터넷뱅킹 등으로 송금하면 해당 금액은 원가로 인정받을 수 있다.
- 매입자 발행 세금계산서 제도도 활용할 수 있다. 이 제도는 물건 공급자가 세금계산서를 발행하는 것이 아닌 매입자가 세금계산서를 발행하는 제도이다.

부가가치세를 알아야
세금 덜 낸다

부가가치세 안 내는 사업자도 있다

"조 과장! 분당에 있는 학원에서 공사 대금을 부가가치세 없이 신용 카드로 결제하면 안 되겠냐고 하는데, 그게 무슨 말이야? 지금까지 학원 공사에는 모두 세금계산서를 발행해 왔잖아?"

"글쎄요. 저도 잘 모르겠는데요."

"어떻게 하는 게 좋은지 알아봐 주세요."

조 과장은 세무사 사무소의 김상세 대리에게 전화했다.

"김 대리님! 학원에서 공사 대금을 부가가치세 없이⋯⋯."

김 대리는 학원에서 그렇게 요구하는 이유를 설명하고, 그 요구를 들어주어서는 곤란하다고 했다.

학원업은 부가가치세 제도와 전혀 관계없는 업종이다. 학생들에게 받는 수강료에는 부가가치세(매출세액)가 없으므로, 학원에 필요한 기자재를 사면서 부담한 매입세액을 환급해 줄 수 없다. 따라서 학원 입장에서는 공사 대금에 대해 부가가치세를 부담하지 않으면 당장 그만큼의 현금 지출을 줄일 수 있다.

하지만 폼생디자인사 입장에서 보면, 학원의 요구에 응한다면 부가가치세를 대신 부담해야 하는 것은 물론 세금계산서 불성실 가산세까지 물게 된다.

부가가치세는 원칙적으로 사업자가 사업적으로 재화(제품이나 상품)나 용역(서비스)을 공급한 경우에 과세가 된다. 예를 들면 사업자가 사업적으로 컴퓨터를 팔거나 음식 용역을 제공하면 그 대가에 부가가치세가 포함되어 있다. 여기서 사업자는 사업자등록으로 판단하는 것이 아니라 거래를 계속적·반복적으로 하면 사업자로 본다.

그런데 다음의 품목을 공급하는 경우에는 조세정책상 부가가치세를 과세하지 않는다. 이러한 면세 품목을 취급하는 사업자를 '면세사업자'라 한다. 면세사업자는 부가가치세를 신고하거나 납부할 의무는 없으나 벌어들인 소득에 대해서는 '종합소득세'를 내야 한다.

- 기초생활필수품 재화: 미가공식료품, 연탄과 무연탄, 주택임대 용역
- 국민후생 용역: 의료보건 용역(병의원)*과 혈액, 교육 용역(학원), 여객운송 용역(고속버스·항공기·고속전철 등 제외), 국민주택 공급과 당해 주택의 건설 용역

- 문화 관련 재화·용역 : 도서, 신문, 잡지, 방송(광고 제외)
- 부가가치 구성 요소 : 토지 공급, 인적 용역, 금융 및 보험 용역
- 기타 : 공중전화, 복권 등

  * 미용 목적 수술(쌍꺼풀 수술 등), 애완동물 진료 용역은 대부분 면세로 전환됨.

위에서 교육 용역은 학교·학원·강습소·훈련소에 해당하면 교육 내용과 무관하게 부가가치세를 면세한다. 단, 관할 관청으로부터 교육 허가를 받아야 한다. 만약 불법으로 교습소 등을 운영하면 부가가치세가 과세된다. 참고로 학원 중 무도학원과 자동차학원은 과세로 전환되었다.

면세사업자는 매출세액도 없고 매입세액을 환급받을 방법도 없다. 그렇다면 매입세액을 환급받지 못하니 일반과세자에 비해 불리한 게 아닐까?

실제로 그렇게 생각하는 사람이 많다. 하지만 다음과 같은 사항을 보면 반드시 그렇다고는 할 수 없다.

첫째, 면세사업과 과세사업에는 납세 협력 의무 차이가 있다

면세사업은 부가가치세법에서 규율하는 세법상 의무가 없다. 즉 세금계산서 교부 의무라든지 1년에 몇 번씩 하는 신고·납부 업무를 할 필요가 없다.

둘째, 면세사업은 매출 세금이 없으므로 가격경쟁력이 있다

예를 들어 학원 수강료가 10만 원인데 앞으로 부가가치세가 붙는다면 11만 원을 받아야 할 것이다. 수업 내용은 똑같은데 가격이 인상되었다

면 소비자들은 어떤 반응을 보일까? 당연히 오른 가격에 대해 부담을 느끼는 층이 있게 마련이고 더 나아가 수강을 포기하는 일도 생길 것이다.

셋째, 매입세액은 경비로 처리되어 절세 효과가 나타난다

면세사업자가 부가가치세를 포함하여 소모품을 110만 원에 샀다고 가정하자. 이 경우 일반과세자라면 100만 원을 소모품비 계정으로, 10만 원을 매입세액으로 하여 환급받게 된다. 하지만 면세사업자는 110만 원을 소모품비 계정으로 처리할 수 있다. 따라서 궁극적으로 현금 유출액은 부가가치세에서 절세 효과 금액(부가가치세액 × 적용세율)을 차감한 금액이 된다.

면세사업자와의 거래에서 세금계산서를 끊지 않으면 어떻게 될까?

첫째, 공급자는 불이익이 뒤따를 수 있다

우선, 공급자가 어떤 업종을 영위하느냐에 따라 입장 차이가 난다. 공급자가 세금계산서를 아예 끊지 못하는 사업자와 업종(간이과세자·이용·미용·목욕업 등)에 해당하거나, 상대방이 요구하는 경우에만 세금계산서를 끊어 주어도 되는 업종(소매·음식점·숙박·여객운송업 등)에 해당하면 세금계산서를 끊어 주지 않아도 된다.

그러나 이 밖의 업종인 제조·도매·건설업 등은 반드시 세금계산서를 교부해야 한다. 만일 이를 어길 경우에는 거래금액의 2%의 세금계산서 불성실 가산세가 부과된다. 매출액이 누락되는 경우에는 소득세, 법인세, 각종 가산세가 추가로 부과된다.

둘째, 공급받는 자인 면세사업자는 약간의 덕을 본다

면세사업자가 세금계산서를 교부받지 않으면 당장 부가가치세가 나가지 않으나, 나중에 세무조사를 받을 때 거래금액을 입증하기가 힘들다. 따라서 면세사업자는 신용카드를 사용함으로써 불이익을 미리 방지할 수 있는 것이다.

그렇다면 폼생디자인사의 이대박 사장은 학원이 요구한 세금계산서 없이 카드로 결제해 주어야 할까? 학원 입장에서는 약간의 이득이 있으나 폼생디자인사 쪽에서는 득보다 실이 많다.

폼생디자인사의 경우 신용카드 매출전표에 의한 금액을 공급가액과 부가가치세액을 나누어 신고(신용카드 매출은 100% 노출됨)하므로 학원이 부담해야 할 부가가치세를 대신 부담하게 된다. 또 세금계산서 불성실 가산세를 추가로 부담하게 된다. 따라서 폼생디자인사 입장에서 보면 학원에서 요구한 사항을 거절하는 것이 유리하다.

> **TIP**
>
> ## 세금계산서 관련 가산세가 중과된다
>
> 세금계산서를 미교부하거나 가공 및 타인 명의로 세금계산서를 교부하는 경우 거래금액의 2~3%를 가산세로 부과한다. 또한 공급자가 세금계산서를 교부하지 않는 경우에는 매입자가 이를 발행하여 과세당국에 신고할 수 있다.
> 이는 주로 우월적 지위에 있는 공급자가 세금계산서 교부를 제대로 하지 않는 현실을 고려한 것이다.

부가가치세를 적게 내는 간이사업자도 있다

  돈투명 씨의 어머니는 음식점을 시작하려고 한다. 평소 음식 솜씨가 뛰어나 이번 기회에 바지락과 팥을 이용한 칼국숫집을 운영하려고 하고 있다. 우여곡절 속에 점포는 마련되었다.

  "아이구, 내 딸! 요즘 회사 다니기 힘들지?"

  "엄마! 괜찮아. 그런데 점포 얻었으면 내부 공사하고 주방 아줌마 구하면 장사 시작할 수 있겠네? 내부 공사는 우리 회사에 말해서 싸게 할 수 있도록 내가 힘써 볼게."

  돈투명 씨는 출근한 다음 날 조억만 과장에게 이 사실을 알렸다.

  "내부 공사야 우리 회사에서 저렴하게 할 수 있을 것 같은데 영업허가 받고 사업자등록은 했어?"

"글쎄요. 하셨다는 말씀이 없었는데요?"

"그래? 그러면 내일 중 확인해 보고 만약 안 되어 있으면 영업허가는 관할 구청에서 받고 사업자등록은 관할 세무서에서 받아야 한다고 말씀드려. 그리고 사업자등록할 때는 간이과세자로 기입하시라고 하고. 참! 어머니가 그런 업무를 처리하실 수 있을까? 힘드시다고 하면 투명 씨가 내일 근무시간 중에 나가 보든지……."

"감사합니다. 근데 과장님, 간이과세자가 뭐예요? 간이로 과세하는 건가요?"

우리들이 사업에 관한 얘기를 주고받을 때 사용하는 일반과세니 간이과세니 면세사업이니 하는 것들은 부가가치세 세목에서만 의미가 있다. 소득세법에서는 사업자라면 누구나 소득세 납부 의무가 있으므로 위와 같은 사업자 구분의 실익이 없다. 왜냐하면 사업자에게 모두 동일한 납세의무를 지우고 있기 때문이다.

그렇다면 부가가치세법에서 사업자를 구분하는 이유는 무엇일까?

사업자 유형별로 납세의무 차이를 두어 부가가치세 제도를 운영하고자 하는 데서 찾아볼 수 있다. 부가가치세 제도가 정착되려면 세금계산서의 교부나 수취가 중요한데 현실적으로 모든 사업자에게 이런 의무를 똑같이 부여할 수는 없다.

부가가치세는 거래세이므로 거래 단계마다 세금계산서가 수수되어야 하는데, 만일 중간 단계에서 누락된 세금계산서가 있다면 부가가치세 제도가 흔들리고 말 것이다. 그래서 이런 업무를 감당할 수 있는 사업자(일반)와 그렇지 못한 사업자(간이)를 구분하여 세법상 의무를 달리 정하고 있는 것이다. 따라서 부가가치세 세목의 주요 과세 대상자는 일반과세자이다.

부가가치세법상 사업자 구분

사업자	과세사업자	일반과세자	겸업 사업자
		간이과세자	
	면세사업자		

한편 앞에서 살펴본 부가가치세법상 사업자 구분은 위와 같이 할 수 있다.

여기서 과세사업자와 면세사업자는 부가가치세가 과세되는 품목을 취급하느냐 하지 않느냐에 따라 구분한다. 일반과세자와 간이과세자의 구분은 연 매출액이 1억 400만 원(임대업은 4,800만 원)이 되지 않으면 간이과세자, 그 이상이거나 간이 배제 업종에 해당하거나 법인사업자에 해당하는 경우에는 일반과세자로 한다. 한편, 이런 과세사업과 면세사업을 동시에 운영하는 사업자를 겸업사업자라고 한다.

부가가치세법상 간이과세자가 되는 길은 맨 처음 사업자등록을 할 때와 사업연도 중 매출이 급감해서 일반과세자에서 간이과세자로 바뀔 때이다. 따라서 맨 처음 간이과세가 되기 위해서는 사업자등록신청서의 간이과세 적용란에 표시하면 된다. 물론 처음부터 아예 간이과세자가 되지 않도록 앞에서 말한 간이과세를 배제하는 경우도 있다.

그런데 현실에서는 간이과세자를 적용받고 싶어 하는 사업자들이 많다. 왜 이토록 간절히 간이과세를 받으려고 할까? 답은 아주 간단하다. 간이과세를 적용받으면 꿩 먹고 알도 먹을 수 있기 때문이다. 여기서 꿩은 아주 미미한 부가가치세, 알은 종합소득세를 뜻한다.

꿩은 어떻게 먹을까?

일반과세자는 세금계산서를 원칙적으로 발행·수취해야 하고, 매출세액(공급가의 10%)에서 세금계산서에 의해 입증된 매입세액을 차감한 금액을 납부세액으로 한다. 매입세액은 전액 공제된다.

간이과세자는 영수증을 발행하며 세금계산서를 수취할 의무는 없다. 공급대가(부가가치세 포함 가격)에 업종별 부가가치율(업종에 따라 15~40%)과 세율(10%)을 곱하여 납부세액을 구한다. 여기에서 세금계산서 매입액(공급대가)에 0.5%를 곱한 금액을 공제한다. 따라서 세금계산서에 의한 매입세액은 극히 일부만 공제된다.

이 둘 중 납세의무 부담의 강도는 일반과세가 훨씬 세다. 결론적으로 간이과세자는 부가가치세 계산 구조상 세금이 거의 없고 세금계산서를 발행할 의무가 없으므로 영세한 업체를 위한 제도라고 할 수 있다.

알은 어떻게 먹을까?

간이과세자는 세금계산서를 발행하지 않으며, 또한 받지 않더라도 불이익은 없다. 따라서 거래의 투명성과는 거리가 멀다.

물론 업종의 성격상 주로 현금 거래가 많다 보니 매출 누락이 심한 편이다. 하루 매출이 100만 원을 넘어가는 곳이 여전히 간이과세자의 보호막 아래에 있는 것도 그런 이유 때문이다. 현금 매출 누락으로 소득이 적게 노출되므로 그야말로 맛있는(?) 알이 될 수밖에 없다.

부가가치세, 꼭 내야 돼?

"조 과장! 왜 부가가치세를 우리가 내야 하는지 설명할 수 있겠어?"

"아니, 사장님! 그건……."

"그래, 뭐?"

"아니. 그러니까……."

"그게 뭐야. 담당자라면 이 정도 질문엔 답변이 술술 나와야지. 이 세금계산서 공급가액 옆에 있는 부가가치세를 왜 꼭 우리가 납부해야 하냐는 생각이 든단 말이야. 공사 끝내 놓고 못 받은 돈도 있는데, 꼬박꼬박 세금 내고 또 뭔지 모르고 쓰다가 한꺼번에 수천만 원씩 부가가치세까지 내니 자금 압박이 심할 때가 있어서 말이야."

"사장님! 그렇군요. 드디어 사장님도 세금이 아깝다는 생각이 드시

는군요. 하지만 내라고 하는 데는 이유가 있겠죠. 조금만 기다리시면 제가 사장님 머릿속을 시원하게 해 드릴게요."

사업자들이 흔히 하는 오해, 부가가치세 내 돈 아냐?

많은 사업자가 부가가치세는 자신의 소득에서 내거나 이윤이 남지 않으면 안 내도 되는 것으로 착각하곤 한다. 특히 세금계산서를 끊지 않는 소매업이나 음식점업을 하는 사업자들이 그렇다.

예를 들어 이동갈비를 4대 시켜서 먹었다고 치자. 가격은 1대당 2만 5,000원이다. 손님은 음식값 10만 원을 현금으로 주든지 신용카드로 결제할 것이다. 이때 현금을 받는 경우에는 10만 원에 부가가치세가 있는지 없는지 표시되어 있지 않다. 하지만 신용카드 매출전표에는 표시가 된다. 신용카드를 사용하지 않으면 부가가치세를 알기가 힘들다. 결국 현금 10만 원은 주인의 호주머니로 들어가 은행에 저축된다. 누가 이 사실을 알겠는가?

그런데 이런 현금 매출에 대해서도 부가가치세를 내야 한다고 하면 왜 내야 하냐고 항변하는 사람이 있다. 세금은 소득세로 내면 되지 않느냐고 말이다.

하지만 부가가치세는 소비자들이 내는 세금을 거래징수 절차상 사업자가 대신 받아서 내는 세금이라고 생각하면 이해가 빠를 것이다. 다음의 일반과세자의 부가가치세 계산 구조를 보자.

엄연히 법에는 부가가치세가 나라로 들어간다고 되어 있소이다~

매출세액(공급가액×10%)

– 매입세액(세금계산서 등에 의한 매입세액)

= 납부(환급)세액

– 공제세액 등(신용카드 발행 공제세액, 예정고지세액 등)

+ 가산세

= 납부할(환급받을) 세액

※ 수출의 경우에는 매출세액이 '0'이 된다. 수출에는 영세율이 적용되기 때문이다. 물론 매출세액은 0이나 매입세액이 있는 경우에는 전액 환급된다.

 사업자는 과세기간(6개월) 동안의 공급가액 10%를 매출세액으로 하고 그 금액에서 매입세액을 공제하여 납부 또는 환급세액을 계산하게 된다. 사업자가 최종소비자를 대신해 부담한 매입세액은 소비자로부터 받은 매출세액에서 공제받는다. 따라서 부가가치세는 사업자의 돈이 아니라는 것을 알 수 있다.

부가가치세를 줄이는 방법

　드디어 폼생디자인사 개업 연도의 2기 부가가치세 확정신고를 할 기간이 되었다. 폼생디자인사는 창업 초기인 1기 때는 부가가치세 업무를 자체적으로 할 엄두가 안 났지만 이번 2기부터는 자체적으로 집계하여 신고서만 작성한 후 든든세무법인에서 검증받고 신고는 거기에서 하면 될 것으로 판단했다.

　조억만 과장과 돈투명 씨는 며칠 동안 고생한 끝에 다음과 같은 부가가치세 신고서를 작성했다.

　계산서를 작성한 결과 이번 2기에 납부할 세액은 1,050만 원이 나왔다. 조 과장은 자신이 작성한 신고서와 부가가치세 자료(세금계산서 등)를 든든세무법인의 김상세 대리에게 주고는 타당성 검토와 더불어 부족한 부분을 지적해 달라고 부탁했다.

폼생디자인사의 부가가치세 (가)확정신고서

(단위 : 원)

구분		금액	세액
매출	세금계산서 매출	300,000,000	30,000,000
	기타 매출	25,000,000	2,500,000
	영세율 적용분	–	–
	예정신고 누락분·대손세액 가감	–	–
	합계(①)	325,000,000	32,500,000
매입	세금계산서 매입분	175,000,000	17,500,000
	기타 공제 매입세액	5,000,000	500,000
	계	180,000,000	18,000,000
	공제받지 못할 매입세액	10,000,000	1,000,000
	차감 계(②)	170,000,000	17,000,000
납부할 세액(③=①-②)			15,500,000
신용카드 매출전표 발행 공제(④)		–	–
예정고지세액(⑤)		–	5,000,000
가산세액(⑥)		–	–
차가감 납부할(환급받을) 세액(③-④-⑤+⑥)			10,500,000

폼생디자인사의 조 과장이 작성한 계산서를 보자. 위의 계산서는 부가가치세 양식을 단순화시켜 놓은 것이다. 크게 매출·매입 부분, 공제세액과 가산세 부분으로 나누어진다. 따라서 부가가치세를 줄이기 위해서는 매출과 가산세 부분을 줄이고 매입과 공제세액 부분을 늘리면 된다.

그런데 매출을 인위적으로 줄이는 것은 현금 매출을 탈루하는 방법밖에 없다. 물론 거래 상대방에게 외상으로 물건을 판 후 그 외상매출

채권이 부도가 나서 못 받는 경우에는 부가가치세 상당액을 매출세액에서 공제(대손세액공제)한다. 그러나 이는 상대방이 부도가 나야 가능하고 기타 요건을 갖추어야 하므로 실무에서는 자주 볼 수 있는 상황이 아니다.

가산세의 경우에는 주로 매출·매입 세금계산서와 관련된 가산세와 신고·납부에 관련된 가산세가 있다. 이를 줄이는 길은 세법에 맞게 처리하는 것이다.

결국 매출과 가산세 부분에서 부가가치세를 줄이는 방법은 현실적으로 탈세밖에 없다. 그러나 이것은 옳지 않으니 다른 방안을 찾아보자.

그 방법은 매입과 공제세액을 많이 받는 것이다. 실무적으로 부가가치세의 크기는 이곳에서 좌우된다. 주요 내용을 살펴보자.

① 매입 부분

사업과 관련하여 생산·취득한 재화나 용역에 대한 매입세액은 전액 공제되는 것이 원칙이다. 그리고 이는 세금계산서에 의해 확인되어야 한다. 다만, 세금계산서가 없더라도 신용카드 매출전표나 현금영수증에 의해 매입세액을 공제할 수 있는 것들이 있다.

한편 부가가치세를 부담했다고 해서 무조건 다 공제받을 수 있는 것은 아니다. 사업과 관련 없는 지출, 접대비, 토지, 면세사업, 승용차 유류대에 붙는 부가가치세에 대해서는 환급받을 수 없다.

② 공제세액 부분

공제세액의 주요 부분은 신용카드 매출전표 발행 공제와 예정고지 세액 정도가 많이 발생한다. 소매업·음식업·숙박업·서비스업 등의 사업자가 신용카드로 결제를 받은 경우, 연간 1,000만 원(2027년 이후는 500만 원) 한도에서 0.5~1%(2026년 말까지 0.65~1.3%)를 납부세액에서 공제해 주는 제도이다.

한편 예정고지세액은 일반과세자가 세무서로부터 받은 고지서에 의해 납부한 금액을 말한다. 이 예정고지세액은 직전기 차가감 납부할 세액의 1/2로 고지(30만 원 이하 제외)가 되며, 확정신고(7월 25일, 1월 25일) 때 정산된다. 정산하는 이유는 부가가치세 신고가 6개월 단위로 이루어져 중복하여 납부되므로 이를 방지하기 위해서이다.

김상세 대리는 폼생디자인사의 조억만 과장과 돈투명 씨가 작성한 부가가치세 확정신고서에 대해 다음과 같은 견해를 밝혔다.

① 매출 부분

고정 거래처에 대한 월 합계 매출·매입 세금계산서 매수를 확인하고 거래처 사업자등록번호와 공급가액 등 기재 내용이 정확한지 확인해야 한다. 또한 세금계산서 교부가 누락되지는 않았는지, 세금계산서 교부 시기가 올바른지 확인해야 된다.

한편 기타 매출은 세금계산서 외 현금·신용카드 매출이나 부동산 임대업의 경우 간주임대료에 대한 부가가치세를 계산하는 항목이다.

누락되지 않았는지 반드시 점검한다. 여기서 간주임대료는 전세보증금의 이자 상당액을 말한다.

② 매입 부분

매입 부분의 첫 번째 점검 포인트는 부가율 검토이다. 부가율은 부가가치(매출액 - 매입액)를 매출액으로 나누면 계산되는 것으로 업종별로 알 수 있다. 여기서 매입액은 고정자산 매입액을 제외한 세금계산서 매입액을 뜻한다. 만약 이 부가율이 동종업계보다 높다면 매출액이 높거나 매입액이 낮다고 할 수 있다. 따라서 이런 상황에서는 매출이 중복으로 잡혔는지 매입 세금계산서를 덜 받았는지 점검해 보자.

매입 부분의 두 번째 점검 포인트는 공제 가능한 것은 모두 환급받는 것이다. 놓치기 쉬운 것은 통신 요금이나 전력 요금에 붙는 부가가치세와 접대비 외의 계정으로서 신용카드 매출전표상의 부가가치세이다.

예를 들어 전화요금 영수증을 보면 공급가액과 부가가치세가 있는데, 그 부가가치세를 환급받을 수 있다. 물론 신고를 하지 않으면 환급해 주지 않는다. 세무사 사무소에 의뢰한 경우라도 그 부분을 확실히 점검하면 세금 지출을 막을 수 있다. 조 과장이 작성한 폼생디자인사의 계산서에는 이러한 항목이 누락되었다. 또 신용카드 매출전표에 의한 매입세액공제는 주로 소매업·음식업·숙박업을 하는 사업자가 발행한 것이 공제 대상이 된다.

한편 유류대나 접대비에 붙는 부가가치세는 공제받지 못하나 이를 공제받은 경우에도 문제가 된다. 폼생디자인사의 신고서 중 공제받지 못할 매입세액은 주로 유류대에 붙은 부가가치세이다.

③ 신용카드 매출전표 발행 공제

신용카드 매출전표 발행 공제를 받을 수 있는 사업자는 간이과세자와 최종소비자를 대상으로 하는 소매업, 음식업 등 영위 사업자이다.

폼생디자인사는 건설업에 해당하므로 신용카드 매출전표를 발행했더라도 공제받을 수 없다. 다만, 통신판매한 조명 기구는 최종소비자를 대상으로 하는 소매업에 해당하므로 신용카드 매출전표 발행 공제를 받을 수 있다.

④ 예정고지세액

이번 2기에 예정고지세액으로 공제할 수 있는 금액은 500만 원이다. 이것으로 보아 1기에 납부한 세액은 1,000만 원이라는 것을 알 수 있다. 예정고지세액은 그 금액의 1/2이기 때문이다. 부가가치세 신고서를 작성하는 사람은 예정고지세액을 빠뜨리지 말자.

한편 통상적으로 환급 대상 부가가치세는 확정신고 기한(7월 25일과 다음 해 1월 25일) 경과 후 30일 내 환급된다. 그러나 수출업을 영위하거나 설비투자(감가상각 대상 자산으로서 기계나 장치, 건물과 구축물, 비품 등을 말함)로 인해 부가가치세가 발생하는 경우 조기에 환급받을 수가 있다(조기환급 제도).

이런 제도를 이용하기 위해서는 매월 또는 2개월 또는 3개월 단위

중에서 하나를 선택하여 다음 달 25일까지 조기환급 신고를 하면 된다. 그러면 그 신고 기한 경과 후 15일 내에 관할 세무서에서 검증한 후 환급하여 준다. 예를 들어 10월에 설비투자를 하여 1,000만 원의 부가가치세를 부담하였다면 10월 한 달 기간을 조기환급 신고 기간으로 하여 11월 25일까지 신고하면 12월 중순경에 환급받을 수 있다는 뜻이다.

TIP

신용카드 매출전표 발행 공제(개인사업자에 한하며, 법인은 공제 불가)

구분		2024년	2025~2026년	2027년 이후
공제율	전년도 매출액 5억 원 이하	1.3%	1.3%	1%
	5억 원 초과~10억 원 이하	1.3%	0.65%	0.5%
	10억 원 초과	공제 불가	좌동	좌동
연간 공제 한도		1,000만 원	1,000만 원	500만 원

일반사업자 스스로 부가가치세 신고하기

"과장님! 우리가 작성한 신고서 거의 맞았다고 하죠?"

"투명 씨! 원래 회계와 세무 업무를 다룰 때는 '거의'라는 표현을 쓰면 안 돼. 어떨 때는 1원도 중요해. 투명 씨 눈에 1원은 아주 시시하게 보일지 모르지만 말이야."

"과장님! 그런 뜻이 아니라, 우리가 잘했다는 생각에 그만⋯⋯."

"아니, 잘하긴 뭘 잘해?"

조억만 과장은 돈투명 씨에게 역정을 냈다. '내가 일 배울 때와 다르긴 다르구나' 생각하니 쓴웃음이 나왔다.

"투명 씨! 그쪽 사무실에서 우리 보고 매입세액 부분에 전화요금 등에 대한 공제가 누락된 것 같다, 조명 기구 등을 판매할 때 신용카드 매출전표를 끊었으면 공제받을 수 있다 등등 얘기를 하는데 그거 검토해야 되는 것 아냐?"

"네. 죄송합니다."

돈투명 씨가 검토한 바에 의하면 전화요금 등 추가로 공제받을 수 있는 매입세액은 10만 원이었다. 한편 부대사업으로 조명 기구 등을 팔면서 신용카드로 결제한 것은 부가가치세를 포함하여 1,650만 원이었다.

다음은 일반과세자인 폼생디자인사의 부가가치세 신고 흐름을 나타낸 것이다. 업종이 다르더라도 일반과세자이면 아래와 비슷한 신고서가 작성된다. 한편 간이과세자의 신고는 뒤에서 살펴보기로 하자.

먼저, 매출 자료를 모으는 단계다

매출 자료는 세금계산서, 신용카드, 현금 매출 부분으로 나뉜다.

세금계산서 매출 합계

작성 연월일	공급가액	세액	비고
	300,000,000원	30,000,000원	공급자용
합계 금액	현금	수표·어음	이 금액을 영수 청구함.

신용카드 매출 합계*

공급가액	부가가치세	봉사료	합계
15,000,000원	1,500,000원		16,500,000원

* 신용카드 매출은 국세청 홈택스나 카드 단말기 회사로부터 일괄적으로 조회할 수 있다. 이때 현금 영수증상의 매출도 이에 포함하여 신고하는 것이 원칙이다. 누락하지 않도록 하는 것이 중요하다.

현금 매출 합계

연월일	단가	수량	금액	비고
			11,000,000원	
합계			11,000,000원	

둘째, 매입 자료를 모으는 단계다

매입 자료는 크게 세금계산서와 신용카드다. 음식점업의 경우 세금계산서나 신용카드 매출전표에 의한 매입세액이 없더라도 공제받을 수 있는 의제매입세액공제가 있다.

세금계산서 매입세액

작성 연월일	공급가액	세액	비고
	176,000,000원	17,600,000원	공급받는 자용
합계 금액	현금	수표·어음	이 금액을 영수 청구함.

※ 전화료 영수증은 세금계산서와 동일한 효력이 있다. 세금계산서와 형태가 다르더라도 국세청장에게 신고했다면 세금계산서로 인정된다.

신용카드 매입세액 합계

공급가액	부가가치세	봉사료	합계
5,000,000원	500,000원		5,500,000원

※ 매입세액은 사업자카드를 사용한 경우에는 국세청 홈택스, 신용카드를 사용한 경우에는 카드 회사를 통해 그 내역을 알 수 있다.

매입세액 불공제분

작성 연월일	공급가액	세액	비고
	10,000,000원	1,000,000원	

셋째, 납부할 세액을 계산하고 신용카드 매출전표 발행 공제 등을 검토하는 단계다

(단위 : 원)

구분		금액	세액
매출	세금계산서 매출	300,000,000	30,000,000
	기타 매출	25,000,000	2,500,000
	영세율 적용분	–	–
	예정신고 누락분·대손세액 가감	–	–
	합계(①)	325,000,000	32,500,000
매입	세금계산서 매입분	176,000,000	17,600,000
	기타 공제 매입세액	5,000,000	500,000
	계	181,000,000	18,100,000
	공제받지 못할 매입세액	10,000,000	1,000,000
	차감 계(②)	171,000,000	17,100,000
납부할 세액(③=①-②)			15,400,000
신용카드 매출전표 발행 공제(④)		–	214,500
예정고지세액(⑤)		–	5,000,000
가산세액(⑥)		–	–
차가감 납부할(환급받을) 세액(③-④-⑤+⑥)			10,185,500

※ 만일 환급받을 세액이 있다면 원칙적으로 확정신고 기한(7월 25일, 1월 25일)으로부터 30일 안에 환급된다. 다만 수출을 하거나 매입세액 중 투자설비액(건물, 기계 등)이 있는 경우에는 조기 환급 신고를 하면 빨리 환급받을 수 있다.

폼생디자인사의 조억만 과장이 작성한 신고서를 정확하게 다시 작성해 보면 앞의 표와 같다.

이 신고서의 결과는 조억만 과장이 작성한 것과 다소 차이가 난다. 전화세에 대한 매입세액이 10만 원 추가되었고, 조명 기구 신용카드 판매분에 대해 신용카드 발행 금액의 1.3%인 21만 4,500원(1,650만 원×1.3%)이 추가로 공제되었기 때문이다.

그렇다면 부가가치세 신고는 어떻게 할까? 일반적으로 부가가치세는 6개월을 과세기간으로 하여 신고·납부하며 각 과세기간을 다시 3개월로 나누어 중간에 예정신고를 한다. 따라서 연 4회의 부가가치세 신고 납부가 필요하다. 다만 이는 법인사업자에게 해당된다.

개인과세자는 원칙적으로 연 2회의 확정신고만 필요하며, 예정신고분에 대한 부가가치세는 정부가 고지한 세액을 납부하고 확정신고를 할 때 정산하면 된다. 다만, 개인사업자 중 간이과세자는 예정고지가 없으며, 연간 1회만 신고·납부하면 된다. 정리하면 다음과 같다.

구분	과세 대상 기간		신고 납부 기간	신고 대상자
제1기 (1. 1.~6. 30.)	예정신고	1. 1.~3. 31.	4. 1.~4. 25.	법인
	확정신고	4. 1.~6. 30.	7. 1.~7. 25.	법인·개인사업자*
제2기 (7. 1.~12. 31.)	예정신고	7. 1.~9. 30.	10. 1.~10. 25.	법인
	확정신고	10. 1.~12. 31.	다음 해 1. 1.~1. 25.	법인·개인사업자*

* 개인사업자 중 간이과세자는 연 1회만 신고·납부하면 된다.

한편 개인사업자가 확정신고를 할 때는 '부가가치세 확정신고서'와 함께 다음의 서류를 첨부하여 앞 표에 적힌 기한 안에 신고·납부해야 된다. 수출업의 경우 첨부 서류를 잘못 제출하면 막대한 가산세를 각오해야 하므로 주의를 요한다.

- 매출세액 관련 서류 : 매출처별 세금계산서 합계표, 수출의 경우 수출실적명세서
- 매입세액 관련 서류 : 매입처별 세금계산서 합계표, 신용카드 매출전표 수취명세서 등
- 기타 : 부동산 임대업은 부동산 임대 공급가액 명세서, 변호사·건축사·세무사·공인회계사업은 수입금액 명세서 등

만약 부가가치세를 세법보다 적게 신고·납부한 경우에는 '수정신고'하여 차액을 내야 하고, 많이 신고·납부한 경우에는 '경정청구'하여 돌려받는다. 한편 부가가치세를 법정 신고 기한 안에 신고하지 않는 경우에는 '기한 후 신고' 제도를 이용하여 신고·납부할 수 있다.

수정신고 및 기한 후 신고 가산세 감면율 조정 등

2020년 이후 수정신고하거나 기한 후 신고 시 가산세 감면율이 조정된다. 수정신고의 경우 수정신고 기한에 따라 10%, 20%, 50%를 적용하던 것을 10%, 20%, 30%, 50%, 75%, 95%로 세분화시켰다. 기한 후 신고 시의 경우 20%, 50%를 적용하던 것을 20%, 30%, 50%로 세분화시켰다. 참고로 앞으로 기한 후 신고한 자에 대해서도 경정청구 및 수정신고가 허용된다.

간이사업자의 부가가치세 신고, 어렵지 않다

"과장님!"

"왜?"

"우리 어머니 식당도 이번에 부가가치세 신고를 해야 하는데 좀 도움을 받을까 해서요."

"그래? 그나저나 칼국숫집 장사는 잘돼?"

"네. 어머니 솜씨가 좋으셔서 어느 정도 되고 있는 것 같아요."

"그렇구나. 어머니 음식점은 지금 간이과세자일 거야. 따라서 우리 회사 같은 일반과세자와는 다른 구조로 부가가치세가 과세된다고 들었어. 간이과세에 대해 어떻게 신고하는지는 든든세무법인에 물어보면 좋을 것 같다."

돈투명 씨는 조억만 과장이 말한 대로 든든세무법인의 김상세 대리에게 문의했다.

"간이과세자는 일반과세자와 계산 방법이 다릅니다. 일반과세자보다 훨씬 간단하니 확정신고 기간 동안에 발생한 자료만 준비해 주세요."

돈투명 씨는 김 대리가 요청한 자료를 다음과 같이 알려 주었다.

- 매출(부가가치세 포함): 신용카드 매출 33,000,000원
  현금 매출 22,000,000원
- 매입세액: 5,000,000원(VAT 500,000원 별도)
- 농산물 구입액: 9,000,000원

돈투명 씨는 김상세 대리로부터 다음과 같은 간이과세자 부가가치세 신고서를 받았다.

(단위: 원)

구분		금액	부가가치율	세율	세액
매출세액	음식업	55,000,000	15%	10/100	825,000
공제세액	매입 세금계산서 등 수취세액공제	5,500,000	–	0.5%	27,500
	신용카드 매출전표 등 발행세액공제	33,000,000	–	1.3/100	429,000
	의제매입세액공제	9,000,000	–	8/108	0*
	기타	–	–	–	–
	합계	–	–	–	456,500
가산세액		–	–	–	–
차감 납부할 세액					368,500*

* 2021년 7월 1일부터 간이과세자에 대해서는 의제매입세액공제가 적용되지 않는다(이중 공제 방지).

'아니, 이건 우리 회사 거랑 다르잖아?'

간이과세자의 신고서 작성 방법

첫째, 매출세액을 산정하는 방법을 보자

간이과세자의 매출세액(납부세액)은 부가가치세를 포함한 공급대가에 업종별 부가가치율과 10%를 곱하여 계산한다. 따라서 보통 1.5~4% 사이에서 부가가치세가 붙는데, 이는 공급가(VAT 제외 금액)의 10%로 계산하는 일반과세자와는 차이가 난다.

- 간이과세자: 55,000,000원 × 1.5%(15% × 10/100) = 825,000원
- 일반과세자: 50,000,000원 × 10% = 5,000,000원

한편 위에서 업종별 부가가치율은 업종별로 매출액에서 부가가치가 차지하는 비중을 말한다. 다음과 같이 제정되어 있다.

- 소매업, 재생용 재료 수집 및 판매업, 음식점업: 15%
- 제조업, 농업·임업 및 어업, 소화물 전문 운송업: 20%(숙박업: 25%)
- 건설업, 그 밖의 운수업, 창고업, 정보통신업, 그 밖의 서비스업: 30%
- 금융 및 보험 관련 서비스업, 부동산 관련 서비스업, 부동산 임대업 등: 40%

둘째, 공제세액 산정 방법을 보자

① 매입 세금계산서 등 수취세액공제

일반과세자의 경우 매입세액을 100% 공제하나, 간이과세자는 매입액(공급가액)에 0.5%를 곱하여 공제하므로 극히 일부만 공제된다. 공제하는 이유는 세금계산서 수취를 유인하기 위해서이다.

② 신용카드 매출전표 발행 공제

법인을 제외한 일반과세자 중 소매업, 음식점업, 목욕업 등은 2026년 말까지 0.65~1.3%를 연간 1,000만 원(2027년 이후는 500만 원) 한도 내에서 공제받을 수 있다.

③ 의제매입세액공제

면세 농축수산물을 이용하여 부가가치세가 과세되는 물건이나 용역을 제공하는 경우에 음식업은 농수산물 매입가액의 8/108(기타 업종은 2/102)을 매출세액에서 공제(이를 의제매입세액공제라 함)한다. 다만, 매출액의 30~50%에 해당하는 농수산물 매입가액에 대해서만 이 공제가 적용된다. 종전에는 100%를 공제했으나 현재는 앞의 한도 내에서만 의제매입세액공제를 적용한다. 그런데 간이과세자는 2021년 7월 1일부터 이 공제를 받을 수 없다. 부가가치율을 적용해 매출세액을 계산하다 보니 매출세액 자체가 적게 나오고, 여기에 이 공제를 적용하다 보면 과도한 혜택이 되기 때문이다.

참고로 간이과세자의 신고 방법은 일반과세자와 다소 차이가 난다.

① 매출액이 낮으면 부가가치세는 없다

예를 들면 1년간의 공급대가가 4,800만 원이 안 되면 납부세액의 납부를 면제한다. 다만 신고는 해야 한다.

② 간이과세자의 환급은 모두 해 주지 않는다

간이과세자는 세금계산서 등 수취세액공제와 신용카드 발행 공제 금액 등이 납부세액(매출세액)을 초과하는 경우 그 초과하는 금액에 대해서는 환급받을 수 없다.

③ 간이과세자가 매출이 많아지면 일반과세자로 넘어간다

위의 1년 매출이 1억 400만 원을 넘으면 간이과세자에서 일반과세자로 바뀌게 된다. 바뀌게 될 때는 관할 세무서에서 통지서가 온다. 통지서를 받은 날이 속하는 다음 과세기간부터는 일반과세자로서 납세 의무를 지켜야 한다. 참고로 간이과세자에서 일반과세자로 넘어갈 때 보유하고 있는 재고품에서 발생한 부가가치세 중 일부는 환급을 받을 수 있다. 이를 재고매입세액공제라고 한다.

④ 예정고지 및 예정신고의 생략

간이과세자에 대해서는 예정고지와 예정신고가 생략되었다. 따라서 간이과세자는 연 1회 확정신고만 하면 된다.

만약 돈투명 씨 어머니가 일반과세자였다면 납부할 세액은 얼마나 될까? 다음의 계산을 보면 예정고지세액을 포함하여 340만 원 정도가 일반과세자의 부가가치세이다.

이처럼 사업자에 따라 세금 차이가 많이 나므로 간이과세자들은 가급적 간이과세자로 남고 싶어 한다.

> 매출세액 : 5,000,000원
>
> − 매입세액 : 500,000원
>
> = 납부세액 : 4,500,000원
>
> − 신용카드 매출전표 발행 공제 : 429,000원(1.3%)
>
> − 의제매입세액 : 666,666원(900만 원×8/108)*
>
> − 예정고지세액 : 200,000원
>
> = 차감 납부할 세액 : 3,204,334원

* 음식업의 의제매입세액공제율은 8/108이다. 단, 개인 음식점업자 중 연매출 4억 원 이하인 자의 공제율을 8/108에서 9/109로 2026년 말까지 상향 조정한다.

2021년부터 확 바뀐 간이과세 제도

2021년 1월과 7월 이후부터 간이과세 제도가 아래와 같이 변경되었다.

1. 2021년 1월 1일부터 변경되는 제도

- 간이과세 기준금액 변경 : 4,800만 원 → 2024년 7월 1일부터 1억 400만 원(단, 부동산 임대업 등은 4,800만 원)
- 납부 의무 면제 기준금액 상향 : 3,000만 원 → 4,800만 원

2. 2021년 7월 1일부터 변경되는 제도

4,800만~1억 400만 원 사이의 간이과세자에 대해서는 아래의 제도를 적용한다.

- 세금계산서 발급 의무 부과
- 신용카드 매출전표 수취에 따른 매입세액공제 적용
- 면세 농수산물 등 의제매입세액 적용 배제(중복 세액공제 방지)
- 세금계산서 미수취 가산세 부과(0.5%)
- 신용카드 등 사용에 따른 세액공제율 : 1%로 단일화(단, 2026. 12. 31.까지는 1.3%) 등

면세사업자의 사업장현황신고 방법

"과장님! 우리 회사의 주요 고객인 학원이나 병의원 등은 부가가치세가 없다고 들었어요. 맞나요?"

돈투명 씨가 조억만 과장에게 물했다.

"그래. 학원, 독서실, 병의원, 동물병원은 부가가치세가 없어(단, 미용성형 수술비·동물병원 진료비에 대해서는 부가가치세를 부과함)."

"왜 없죠?"

"그런 업종은 정부가 정책적으로 과세를 하지 않아. 예를 들면 학원과 독서실은 교육과 관련되고 병의원은 의료와 관련되는 것으로 모두 국민의 기초생활과 직결되기 때문이야."

"그렇다면 부가가치세 신고는 하지 않으니까 종합소득 신고만 하면 되나요?"

"아니야. 우리 거래처의 어떤 사람이 말하길 학원 등 면세사업자는 매년 2월에 사업장현황신고를 하고 5월에 종합소득 신고를 한대."

"그래도 부가가치세가 과세되는 사업자보다는 신고가 훨씬 간단하겠네요?"

"그렇지."

다음은 면세사업자의 납세의무를 요약한 표이다.

구분	신고 기한	신고 내용	비고
사업장현황신고	다음 해 2월 10일까지	매출과 비용, 사업장현황	면세사업자만 해당
종합소득세 신고	다음 해 5월 31일*까지	종합소득세	과세사업자도 동일
갑근세 신고	매월 10일	갑근세 등	반기 신고도 가능

* 성실신고확인 대상 사업자는 다음 해 6월 30일까지 종합소득세를 신고함.

부가가치세가 면제되는 개인사업자는 전년도의 수입금액과 사업장의 기본 사항 등을 기재한 '사업장현황신고서'를 세무서에 제출해야 한다.

먼저, 신고 대상자와 신고 기한을 보자.

사업장현황신고를 해야 하는 사람은 부가가치세가 면세되는 품목을 사업으로 하는 개인사업자(법인은 제외)이다. 주로 의료업자·학원사업자·연예인 등이 해당된다. 이러한 자는 다음 해 2월 10일까지 관할세무서장에게 해당 내용을 신고해야 한다. 한편 병의원 및 한의원, 학원(자동차 운전, 입시, 기타 학원), 연예인 등은 사업장현황신고서 외에 수입 검토표를 별도로 제출해야 한다.

그렇다면 신고를 하는 주요 내용은 무엇인가?

사업장현황신고서에는 다음과 같은 내용들이 기재된다. 특히 수입 금액과 기본 경비가 그대로 신고되므로 종합소득의 신고 효과가 있다.

- 수입금액(매출액) 내역 및 수입금액(매출액) 구성 명세
- 매입금액 내역
- 기본 사항(시설 현황 및 종업원 수)
- 기본 경비(임차료, 매입액, 인건비, 기타 제경비)

이런 의무를 따르지 않으면 불이익을 받을까? 사업장현황신고를 하지 않더라도 가산세 제재(단, 의료업, 수의업, 약사업은 가산세 있음)는 없으나, 사업장 관할 세무서장이 사업장을 현황 조사한다.

면세사업자는 매출 또는 매입 계산서 합계표를 사업장현황신고서와 함께 제출해야 한다. 만일 다음 해 2월 10일까지 제출하지 않거나, 기재 사항이 누락 또는 사실과 다르게 기재된 경우 그 공급가의 1%(계산서 미발급, 가공 및 위장 계산서 수수 시 2%)를 가산세로 부과한다.

면세사업자의 사업장현황신고는 실제로 종합소득 신고를 하는 것이나 다름없다. 따라서 결산 대책을 세워 연말 결산을 한 다음, 세금의 적정성을 고려한 후에 신고서를 제출해야 한다. 이 신고서의 내용은 국세청 전산에 입력되므로 5월에 하는 종합소득 신고 내용과 비교·분

석된다.

신고서에는 매출과 비용을 적어야 한다. 만일 나중에 누락된 카드 매출이 발견되면 카드 매출에 한계세율을 곱한 만큼 세금이 증가한다. 매출에 대응되는 비용을 추가로 계상하기가 힘들기 때문이다.

기장을 세무사 사무소에 의뢰한 경우라면 신고하기 전에 담당 세무사로부터 충분한 설명을 듣고 신고서를 내도록 하자. 만약 신고서 제출이 끝난 뒤에 정정 사유가 발견되었다면 정정신고서를 작성한 뒤 제출하면 된다.

TIP

고소득 사업자들과 성실신고확인 제도

수입금액이 업종별로 15억 원(도소매업 등), 7억 5,000만 원(제조, 음식업 등), 5억 원(서비스업, 부동산 임대업 등) 이상인 경우 장부 기장 내용 등을 세무사로부터 검증받도록 하는 제도를 말한다. 개인사업자의 성실신고를 유도하고 세무조사 인력 부족 등 행정력의 한계를 보완하려는 취지로 마련되었다. 만일 검증이 제대로 되지 않은 경우 사업자에게는 검증 불이행에 따른 가산세 5%를 부과하고 세무사에 대해서는 징계를 내리는 등 처벌이 강화된다. 참고로 검증 때 세무사에게 지급되는 검증 비용에 대해서는 세액공제 60%가 적용된다. 예를 들어 검증 비용이 100만 원이라면 60만 원을 세액공제를 통해 돌려준다(한도: 개인 120만 원, 법인 150만 원).

휴업·폐업할 때도
세금이 따라다닌다

"요즘 경기가 정말 안 좋은 것 같아. 사람들 얼굴도 굳어 있고……."

"과장님, 여기 건물에 있던 회사들 몇 개 문 닫았어요. 그리고 우리가 좋아하던 그 갈빗집 끝내 공중으로 사라져 버렸어요."

돈투명 씨가 조억만 과장에게 씁쓸한 표정으로 말을 건넸다.

"어? 갈빗집이 왜?"

"전에 세무조사 받고 주인집 아저씨가 더 이상 장사하기 싫다고 했나 봐요. 그런데 폐업하면 무슨 조치를 취해야 하는 거 아니에요? 문만 닫으면 되는 건지 아니면 세무서에 신고를 해야 하는지……."

"회사나 가게가 폐업하면 폐업신고하고 부가가치세랑 기타소득세도 신고해야지."

폐업하면 반드시 신고해야 한다

사업자가 폐업신고를 한 경우에는 더 이상 사업자가 아니다. 하지만 폐업신고와 부가가치세 및 소득세 신고는 해야 한다.

등록한 사업자가 폐업한 경우에는 지체 없이(시기는 정해져 있지 않다) '폐업신고서'에 사업자등록증을 첨부(첨부하지 않아도 무방)하여 관할 세무서장에게 제출하면 된다. 다만, 사업자가 부가가치세 확정신고서에 폐업 연월일 및 사유를 기재하고 사업자등록증을 첨부하는 경우에는 폐업신고서를 제출하는 것으로 본다.

폐업할 때 따라붙는 부가가치세 신고

폐업하는 경우에는 폐업일이 속하는 과세기간의 개시일(1월 1일 또는 7월 1일)부터 폐업일까지의 공급에 대해 폐업일이 속하는 달의 다음 달 25일 안에 사업장 관할 세무서장에게 부가가치세를 확정신고하여 납부한다.

예를 들면 5월 4일 폐업하기로 했다면 1월 1일부터 5월 4일까지의 거래 실적에 대한 부가가치세를 정리하여 6월 25일까지 부가가치세 확정신고 및 납부를 해야 한다.

여기서 짚고 넘어가야 하는 부분이 있다. 바로 폐업할 때는 잔존 재화에 대한 부가가치세 문제를 반드시 점검해야 한다. 왜냐하면 사업을 폐지할 때 재고가 남아 있는 경우, 세법은 이 재고자산을 자기(사업자)에게 공급한 것으로 보아 부가가치세를 과세하기 때문이다. 폐업자는 더 이상 사업자가 아니므로 폐업 후에 매출이 되더라도 부가가치세를 거두어들이기가 곤란하므로 미리 세금을 거두기 위해서이다. 예를 들면 폐업 시 남아 있는 상품 시가가 1,000만 원이라면 이 금액의 10%인 100만 원을 부가가치세 매출세액으로 납부해야 된다.

따라서 실제로 남아 있는 재화에 대한 부가가치세를 부담하지 않기 위해서 재고자산을 모두 처분한 뒤에 폐업하는 경우가 많다.

사업을 포괄적으로 넘겨줄 경우에는 재화의 공급으로 보지 않으므로 부가가치세를 물지 않아도 된다. 여기서 포괄적이란 의미는 해당 사업에 대한 모든 권리와 의무가 그대로 사업 양수자에게 넘어가는 것을 말한다. 따라서 실무적으로 중요한 내용에 해당되므로 이러한 일 처리는 세무 전문가의 조언을 듣는 것이 좋다.

사업을 폐지하는 경우에는 될 수 있는 한 빨리 국민건강보험공단 등에 폐업 사실을 알려야 보험료를 절감할 수 있다.

사업이 잘되지 않아 휴업하는 경우에도 신고해야 한다. 다만 휴업하는 경우에는 휴업 기간이 문제가 된다. 실제로 휴업 기간은 휴업 신고서에 기재된 대로 하지만 그 기간이 6개월 이상이 돼서는 안 된다. 다만 부득이한 사정이 있을 때는 그 기간이 연장될 수도 있다.

소득세는 과세기간(1. 1.~12. 31.)이 달라지지 않으므로 기존과 동일하게 확정신고하면 된다. 다만, 휴·폐업하는 사업장에 대한 소득세를 조속히 끝맺기를 원한다면 관할 세무서에 수시부과 신청을 하면 된다.

참고로 사업 폐지로 임대차계약에 따라 원상회복을 위해 시설물(인테리어 등)을 철거하는 경우 장부가액과 처분가액의 차액을 필요경비로 산입할 수 있다. 2017년 전까지는 이러한 잔존가액에 대해 비용처리를 인정하지 않았다.

> ## TIP
> # 부가가치세법 및 소득세법상의 사업자 구분
>
> 부가가치세법과 소득세법에서는 여러 유형으로 사업자를 구분하여 이에 대해 다양한 제도들을 적용하고 있다. 이하에서 이에 대해 정리해 보자.
>
> ### ① 부가가치세법상의 사업자 구분
>
> | 구분 | 내용 | 비고 |
> |---|---|---|
> | 간이과세자 | 연간 매출액이 1억 400만 원*에 미달하는 사업자 | 부가가치세 부담 감소 |
> | 일반과세자 | 연간 매출액이 1억 400만 원* 이상 되는 사업자 | 부가가치세 정상 과세 |
>
> * 2024년 7월 1일부터 1억 400만 원으로 상향 조정되었다. 단, 부동산 임대업과 유흥주점업은 4,800만 원을 기준으로 한다.
>
> 이러한 부가가치세 과세사업자에 대해 부가가치세가 면세되는 사업을 하는 자를 면세사업자라고 한다.

② 소득세법상의 사업자 구분

구분		내용	비고
장부 작성 의무	간편 장부 대상자	업종별로 수입금액이 일정 금액(도·소매업 등 3억 원/제조·건설업 등 1억 5,000만 원/서비스업 7,500만 원) 미달하는 사업자	장부 작성 의무 부담 감소
	복식부기 의무 대상자	업종별로 수입금액이 일정 금액(위와 동일) 이상인 사업자	장부 작성 의무 정상 이행
장부 미작성 시 소득금액 파악을 위한 구분	단순경비율 적용 사업자	업종별로 수입금액이 일정 금액(도·소매업 등 6,000만 원/제조·건설업 등 3,600만 원/서비스업 2,400만 원) 미달하는 사업자	장부 미작성 시 세 부담 감소
	기준경비율 적용 사업자	업종별로 수입금액이 일정 금액(위와 동일) 이상인 사업자	장부 미작성 시 세 부담 증가
성실신고확인 대상 사업자		업종별로 수입금액이 일정 금액(15억 원/7억 5,000만 원/5억 원) 이상인 사업자	소득세 성실신고확인

위에서 간편 장부 대상자와 복식부기 의무 대상자는 주로 사업자의 장부 작성 의무와 관련이 있다. 복식부기 의무는 회계 처리를 통해 장부를 작성해야 하므로 이에 대한 의무가 무겁다. 한편 사업자가 장부를 작성하지 않으면 경비율 제도를 이용해 소득세를 정산해야 하는데, 기준경비율에 비해 단순경비율 제도가 다소 유리하다. 한편 성실신고확인 대상 사업자는 세무 대리인으로 하여금 수입과 비용을 세법에 맞게 처리했는지를 검증하는 제도로 이를 잘못 처리하면 세무 대리인 등에게 상당한 불이익이 주어진다.

이상과 같은 소득세법상의 사업자의 협력 의무는 초보자의 입장에서는 다소 어려울 수 있으므로 세무사 등과 상의해 일 처리를 하도록 하자.

chapter 05

월급 지급할 때의
세금 계산법

원천징수,
제대로 익히자

오늘은 폼생디자인사의 즐거운 월급날. 돈투명 씨는 조억만 과장의
월급이 얼마인지 궁금했다.

"과장님, 이번에 얼마 받으셨어요? 보너스 포함하면 어마어마할 것
같은데요? 한턱 쏘세요."

"에이, 왜 그래. 내가 얼마나 받는다고……. 나도 알고 보면 쥐꼬리
만 한 월급을 받고 있어."

"그런데 왜 이리 뗀 것이 많아요? 국민연금이다 건강보험료다 또 소
득세도 떼고……."

"월급쟁이라서 그렇지 뭐."

"그런데 사장님 월급은 떼는 게 없네요?"

"응. 사장님은 따로 급여가 없어. 거래처 공사비 주고 직원 월급 주면 나머지 금액은 모두 사장님 돈이 되기 때문에 별도로 급여가 없지. 사장님이 매달 얼마씩 가져가는 건 직원으로서 급여를 가지고 가는 것이 아니라 편의상 그렇게 가져간다고 보면 될 거야."

"대기업 사장들은 그렇지 않잖아요?"

"그렇지. 대기업 사장들은 전문경영인에 해당하고 월급쟁이야. 그나저나 급여대장은 오늘 중으로 세무사 사무소에 보내 줘."

"아니, 왜요?"

"이 자료를 근거로 원천세 신고를 준비해야지. 참! 일용근로자에 대한 내역도 주고…….."

"그런데 과장님! 이런 서류를 매달 줘야 하나요?"

"그래. 하지만 6개월 단위로 신고하는 제도가 있기는 하더군."

"알았어요. 이번에는 제가 알아서 처리한 뒤 보고하겠습니다."

'원천징수'는 소득금액을 지급하는 자(원천징수의무자)가 소득을 지급할 때 그 납세의무자의 세액을 징수하여 정부에 납부하는 제도이다. 급여를 받을 때 소득세와 지방소득세가 차감된 금액을 받게 되는데 이때 차감된 금액을 원천징수세액이라 한다.

이러한 원천징수제도는 대가가 지급될 때마다 세금이 징수되므로 세금의 원천인 소득금액이 양성화되어 세금의 탈루가 방지된다. 또한 세수가 조기 확보되어 세금을 거두는 비용이 절약된다.

그렇다면 누가 원천징수를 해야 하는가?

원천징수 대상 소득금액 또는 수입금액을 지급하는 자(개인 또는 법인)가 원천징수를 해야 한다. 여기서 소득을 지급하는 사람을 '원천징수의무자'라 한다. 즉 원천징수는 소득을 지급받는 자가 개인이면 소득세를, 법인이면 법인세를 원천징수해야 된다.

다음은 지급받는 자가 개인일 때, 원천징수 대상 소득과 세율을 나타낸 것이다. 이 세율의 10%가 지방소득세로 붙는다.

대상 소득 종류	원천징수 대상 소득	세율
사업소득	부가가치세가 면세되는 의료보건 용역 등	3%
근로소득	매월 분의 근로소득	기본세율
퇴직소득	퇴직소득	기본세율
기타소득	기타소득금액	20%
봉사료 수입	음식·숙박업의 봉사료 수입	5%
일용근로자	일당 15만 원 초과 소득	6%

먼저, 부가가치세가 면제되는 모든 인적 용역(저술가·작곡가 등)과 의료보건 용역을 제공하는 사업자(의사·약사 등)에게 대가를 지급하는 사람은 지급 금액의 3%(지방소득세를 포함할 때에는 3.3%)를 원천징수해야 된다(3%를 1%로 인하하는 안이 추진되고 있다).

둘째, 급여를 지급하는 경우에는 다음 표와 같은 간이세액조견표(국세청 홈페이지 참조)상의 세액을 원천징수해야 된다. 예를 들면 비과세소득을 제외한 급여가 200만 원이고 독신이라면 1만 9,520원을 소득세로 떼어야 한다.

간이세액조견표의 예

월 급여액 (비과세소득은 제외)	공제 대상 가족의 수				
	1	2	3	4	5
2,000,000~2,010,000	19,520	14,750	6,600	3,220	0
2,010,000~2,020,000	19,850	14,950	6,800	3,420	0
2,020,000~2,030,000	20,170	15,160	6,990	3,620	0

셋째, 소득금액(수입금액 - 필요경비)이 5만 원(지급 기준 12만 5,000원)을 초과하는 기타소득*(원고료·인세·강연료·일시적인 인적 용역 대가 등)을 지급할 경우에는 소득금액의 20%(지방소득세를 포함할 때에는 22%)를 원천징수한다.

* 기타소득을 사업소득으로, 또는 사업소득을 기타소득으로 원천징수하면 가산세 등을 부과받을 수 있다. 기타소득의 범위는 소득세법 제21조(법제처 조회 가능)를 참조하기 바란다.

예를 들어 인세를 100만 원 받았다면 원천징수할 세금은 다음과 같다. 인세는 필요경비가 60% 인정되므로 수입금액에서 필요경비를 차감한 소득금액에 대해 22%를 적용하면 된다.

- 인세에 대한 원천징수 금액

  [100만 원 - 60만 원(100만 원×60%)] × 22% = 8만 8,000원

만일 인세가 12만 5,000원이라면 기타소득으로 원천징수할 세금은 없다. 수입금액(12만 5,000원)에서 필요경비(12만 5,000원×60%=7만 5,000원)를 차감한 소득금액(5만 원)이 5만 원 이하에 해당하기 때문이다.

166　합법적으로 세금 안 내는 110가지 방법 | 기업편

넷째, 17만 원의 일당을 받는 사람의 예를 통해 일용근로자에 대한 원천징수를 살펴보자. 현실적으로 일용근로자는 일당 15만 원까지 비과세가 되고 세액공제는 55%가 되므로 세 부담이 거의 없는 편이다. 다만 이러한 일용근로자에 대한 지급 금액은 회사 비용으로 처리될 수 있으므로 일용근로자를 활용한 경우라면 일반영수증을 받아 보관하도록 한다.

- 산출세액 계산: (170,000원 - 150,000원/일) × 6% = 1,200원
- 원천징수세액 계산: 1,200원 - 660원(1,200원 × 55%) = 540원
  (원천징수된 세액이 1,000원에 미달하면 납부하지 않아도 된다.)

원천징수는 원칙적으로 소득을 지급할 때 실시한다. 다음 달 10일까지 '원천징수이행상황신고서'를 관할 세무서장에게 제출해야 된다. 만일 세무사 사무소에 업무를 맡겼다면 납부서를 받아 납부하기만 하면 된다. 단, 직전년도의 매월 말일에 상시 고용 인원이 평균 20인 이하 사업장인 경우에는 반기의 마지막 달의 다음 달 10일까지 납부해도 괜찮다.

이 제도를 적용받고자 하는 경우에는 반기의 직전 월(6월, 12월)의 1일부터 말일까지 신청해야 한다. 물론 과세당국이 곧바로 지정하는 경우도 있다. 한편 신청을 받은 관할 세무서장은 신청일이 속하는 반기의 다음 달 말일까지 승인 여부를 통지한다.

중소 사업체를 운영하는 경우, 비용 중 인건비가 차지하는 비중은 매우 크다(특히 최저임금이 인상된 2018년 이후부터는 더욱 그렇다). 그런데 현실적으로 급여가 세무서에 제대로 신고되지 않는 일이 많다. 그 이유는 신고할 필요성을 못 느끼거나 보험료를 내지 않기 위해서이다.

하지만 장부 작성을 요하는 사업체에서는 반드시 급여 신고를 하는 것이 좋다. 왜 그럴까? 인건비가 비용으로 인정되기 위해서는 객관적인 증빙이 필요한데 세무서에 신고된 서류가 있으면 바로 인정받을 수 있기 때문이다.

물론 지급된 급여가 통장 사본 등으로 확인되는 경우에는 비용으로 인정받을 수 있지만, 신고하지 않으면 원천징수할 세액의 10%를 한도로 다음의 ①, ②를 합한 금액을 가산세로 납부해야 한다.

① 미납부 금액의 3%
② 미납 기간 1일당 1만분의 3을 곱한 금액

참고로 사업자들이 지급하는 일용직 소득에 대한 지급명세서 제출 시기가 최근 분기 단위에서 월 단위로 단축되었다. 이러한 의무를 이행하지 않으면 가산세가 부과되므로 주의해야 한다. 한편 2022년 세법 개정안에는 간이지급명세서 대상(장려금 지급 목적용)인 상용 근로소득이나 인적 용역 관련 기타소득에 대한 간이지급명세서의 제출 시기가 반기에서 매월로 변경되는 안이 포함되어 있다(2024. 1. 1. 이후 지급분부터 적용. 단, 상용 근로소득은 2026년에 시행). 주의하기 바란다.

일용직 급여에 대한 지급명세서 제출 의무

근로소득 중 일용근로자의 근로소득에 대해서도 지급명세서를 제출해야 한다. 제출 시기는 지급일이 속하는 달의 다음 달 말일까지이다. 한편 사업자가 현금 영수증 발급 장치를 통하여 다음과 같은 사항을 입력하면 이 지급조서를 제출한 것으로 본다.

• 급여의 귀속 연도
• 일용근로자의 주민등록번호
• 급여액, 소득세(결정세액) 등

사업자가 이 지급명세서를 제출하지 않는 경우에는 가산세를 부과한다. 참고로 고용보험법에 따른 근로내용확인신고서를 고용부에 제출한 경우에는 일용근로자 지급명세서를 제출한 것으로 간주한다.

※ 저자 주

2021년 11월 19일부터 모든 사업장의 사용자는 근로자에게 임금 명세를 의무적으로 작성·교부해야 한다. 만일 이를 이행하지 않으면 위반 시 최대 100만 원의 과태료가 부과될 수 있다. 이 점 주의하기 바란다. 참고로 앞의 근로자에는 정규직뿐만 아니라 기간제근로자, 단시간근로자, 일용근로자 등도 포함된다.

1년간 쏟아부은 세금,
제대로 쓴 영수증으로 돌려받자

"과장님! 얼마 환급받으셨어요?"

"몇십만 원 정도 되는데, 투명 씨는 얼마야?"

"저는 몇만 원도 안 돼요. 과장님, 무슨 꼼수 쓰셨어요?"

돈투명 씨가 시기 반 부러움 반으로 조억만 과장을 쳐다보았다.

"아니야. 회사에서 지급받은 급여는 정해져 있는데 무슨 소리야. 다만, 열심히 공제받아서 환급액이 많았을 뿐이야."

조억만 과장의 연말정산용 근로소득 원천징수영수증을 살펴보자.

이 영수증은 근로자라면 매년 2월에 1장씩 받게 되는데 분실하지 않도록 하자. 한편 다음 영수증상의 종합소득공제는 기본공제 등을

적용한 것으로 600만 원을 공제받는다고 가정하였다. 또한 근로세액
공제 외에 특별세액공제로 50만 원을 받는다고 가정하였다.

조억만의 근로소득 원천징수영수증

(단위: 원)

구분	금액	산출 근거
근로소득	26,400,000	식대 제외(월 10만 원 비과세)
근로소득공제	9,210,000	750만 원+1,500만 원 초과 금액의 15%
근로소득금액	17,190,000	-
종합소득공제	6,000,000	기본공제/신용카드 공제 등
과세표준	11,190,000	-
세율	6%	과세표준 1,400만 원 이하
산출세액	671,400	
세액공제	869,270	근로세액공제+특별세액공제
결정세액 (환급받을 세액)	0	-
기납부세액	311,400	월 25,950원×12개월
납부할 세액 (환급받을 세액)	△311,400	환급받을 세액 (지방소득세 3만 1,140원은 별도로 관할 구청에서 환급함.)

먼저, 근로소득공제를 보자

근로소득공제는 근로소득을 벌기 위해 들어간 필요경비 성격으로,
공제액이 정해져 있다. 예를 들면 급여액이 1,500만 원 초과 4,500만
원 이하인 경우에는 '750만 원+(1,500만 원 초과 금액×15%)', 급
여액이 4,500만 원 초과 1억 원 이하이면 '1,200만 원+(4,500만 원
초과 금액×5%)'을 공제한다.

둘째, 근로자가 받을 수 있는 종합소득공제를 보자

근로자가 받을 수 있는 소득공제에는 인적공제, 연금보험료 공제,

특별공제 등이 있다.

① **인적공제**
　　- 기본공제: 본인, 배우자, 부양가족 1인당 150만 원
　　- 추가공제: 경로우대자 100만 원, 장애인 200만 원, 맞벌이 부
　　　　부 50만 원
② **연금보험료 공제**: 국민연금 등 공적 연금 불입액 전액
③ **특별공제**: 주택자금 공제(600만~2,000만 원), 장기펀드 공제
④ **신용카드 공제**: 신용카드 사용 금액*이 급여액의 25%를 초과하
　　　　는 경우에 그 초과액의 15%(체크카드와 현금영수
　　　　증은 30%)를 공제함.

* 2017년부터는 중고차 구입 금액의 10%를 공제금액에 포함한다. 2016년까지는 이에 대
해서 소득공제가 적용되지 않았다.

한편 2014년 귀속 연말정산부터는 소득공제 항목 중 일부가 다음
과 같이 세액공제 항목으로 전환되었다.

① **6세 이하 자녀 양육비 공제·다자녀 추가공제** → 자녀세액공제
　　8세 이상~20세 이하까지 자녀 1인당 15만 원(둘째는 35만 원) 등
　　을 공제, 출산·입양 시에는 첫째 30만 원, 둘째 50만 원, 셋째 이
　　상 70만 원 추가 세액공제
② **특별공제 등**

- 보험료 공제 → 보험료 세액공제(한도 내 지출액의 12~15%)
- 의료비 공제 → 의료비 세액공제(한도 내 지출액의 15%)
- 교육비 공제 → 교육비 세액공제(한도 내 지출액의 15%)
- 기부금 공제 → 기부금 세액공제(한도 내 지출액의 15%, 1,000만 원 초과 시 그 초과액은 30%)
- 월세 공제 → 월세 세액공제(한도 내 지출액의 15~17%)
- 연금저축 공제 → 연금계좌 세액공제(한도 내 지출액의 12~15%)

셋째, 세액공제에 대해서 살펴보자

먼저 근로소득세액공제는 산출세액의 일부를 깎아 주는 것을 말한다. 산출세액이 130만 원 이하이면 55%, 이를 초과하면 '71만 5,000원 +130만 원 초과 금액의 30%'를 공제하되 최고 74만 원을 한도로 한다. 사례의 경우 근로세액공제는 36만 9,270원이다. 따라서 특별세액공제로 가정한 50만 원을 합하면 총 세액공제는 86만 9,270원이 된다.

넷째, 환급받을 수 있는 세액은 결정세액과 기납부세액(원천징수세액)을 비교하여 결정한다

위의 예에서는 결정세액이 0원이나 매월 급여 지급 시 간이세액조견표에 의해 2만 5,950원을 뗀 금액이 31만 1,400원이므로 이를 전액 환급받게 된다.

연말정산에 대한 규정은 수시로 바뀌므로 이를 따라잡으려는 노력을 하느냐 안 하느냐에 따라 환급세액의 크기가 달라진다. 따라서 두

눈 부릅뜨고 최신 정보를 수집하면 세금으로 돈을 벌 수 있다(구체적인 것은 『개인편』 참조).

사업자들도 받을 수 있는 근로장려금과 자녀장려금

장려금 제도는 매년 국가가 저소득층 가구를 대상으로 일정액을 지급하는 제도를 말한다. 이하에서 사업자들이 알아 두면 좋을 장려금 제도에 대해 알아보자.

① 근로장려금 제도(확대 시행)

저소득층 가구에 대해 165만~330만 원 내에서 근로장려금을 지원하는 제도를 말한다. 이 장려금을 수급하기 위해서는 가구원 구성 형태별로 다음의 총소득 기준금액 미만에 해당되어야 한다.

가구원 구성	단독 가구	홑벌이 가족 가구	맞벌이 가족 가구
총소득 기준금액	2,200만 원	3,200만 원	4,400만 원

• 단독 가구 : 배우자와 부양 자녀가 없는 50세 이상인 가구
• 홑벌이 가구 : 배우자 또는 부양 자녀가 있는 가구로서 맞벌이 가족 가구가 아닌 가구
• 맞벌이 가구 : 전년도 연간 거주자의 배우자가 총급여액 등이 300만 원 이상인 가구

여기서 기준금액은 근로소득의 경우 '총급여액(비과세소득은 제외)'을 말하나, 사업소득의 경우 '총수입금액×업종별 조정률'을 곱해 다음과 같이 산정한다.

기준금액＝근로소득의 총급여액＋(사업소득 총수입금액×업종별 조정률)

위의 업종별 조정률은 도매업(20%), 소매업(30%), 음식점업·제조업(45%), 서비스·인적 용역(90%)으로 되어 있다. 따라서 음식업의 경우 수입금액에 45%를 곱해 계산한다. 만약 국세청에 신고된 매출액이 1억 원인 경우 이에 45%를 곱하면 4,500만 원이 되므로 장려금을 받을 수 있는 자격을 상실하게 된다.

② 자녀장려금 제도(신설)

자녀장려금은 18세 미만의 자녀가 있는 경우 해당 자녀 1명당 최대 100만 원을 지급한다(소득세 정산 시 자녀세액공제와 중복 적용 허용). 자녀에 대한 양육비를 경감해 주기 위해 마련되었다. 단, 이 제도를 적용받기 위해서는 앞의 경우와 마찬가지로 총소득 요건을 충족해야 하는데 자녀장려금의 경우 부부의 합산 총소득이 연간 7,000만 원에 미달해야 한다.

한편 이 외에도 이 제도들을 적용받기 위해서는 가구원 모두가 소유하고 있는 재산 합계액이 2억 4,000만 원 미만에 해당되어야 한다(반기 신청 등 자세한 내용은 홈택스사이트 참조).

종업원 퇴직금
지급하는 방법

"과장님! 우리 회사, 퇴직금 규정이 있나요?"

"갑자기 왜 그런 걸 물어?"

"아, 그냥 궁금해서요. 나중에 그만둘 때 퇴직금을 얼마나 받을 수 있나 해서요."

"난 또……. 보통 퇴직금은 근속연수에 최근 3개월 동안의 평균임금으로 지급하기도 하고, 연봉제를 실시하면 중간마다 정산(단, 원칙적으로 중간정산은 제한되고 있다)될 수 있어. 예를 들어 퇴직금을 포함하여 3,300만 원에 연봉 계약을 하면 13등분으로 나누고 12등분에 해당되는 금액은 매월 받고 나머지 1등분은 퇴직금으로 받을 수 있지. 이러한 퇴직금은 회사 내부규정으로 정해져 있지만 궁극적으로 근로기준법(퇴직금 규정은 근로자퇴직급여 보장법을 따름)을 위반해서는 안 돼."

"그럼, 우리 회사는 어떻게 정해져 있나요?"

"근무연수가 1년 이상이면 퇴직할 때 퇴직 연수에 3개월의 평균임금을 주도록 되어 있어."

퇴직금은 보통 1년 이상 근무한 근로자가 받는 급여다. 근로자퇴직급여 보장법에서는 '사용자는 계속 근로 연수 1년 이상에 대하여 30일분 이상의 평균임금을 퇴직금으로서 퇴직하는 근로자에게 지급할 수 있는 제도를 설정하여야 한다. 다만, 근로 연수가 1년 미만인 경우에는 그러하지 아니하다'고 규정하고 있다. 여기서 평균임금이란 퇴직 전 3개월간 지급 금액을 그 기간의 총일수로 나눈 금액을 말한다.

한편 원칙적으로 종업원이 4인 이하인 사업장의 경우에는 근로계약 시 별도의 약정이 없더라도 근로자퇴직급여 보장법에 의해 퇴직금을 받을 수 있다. 그리고 퇴직금은 원칙적으로 중간정산이 안 되므로 퇴직연금제도를 이용하도록 한다. 이 제도를 활용하면 퇴직금 비용 처리도 자유롭고 사업자의 부담도 늘어나지 않는다.

퇴직금에도 세금이 있다

어떤 사람이 5년 동안 근무하고 퇴직금(일시금을 말한다. 만일 연금으로 받으면 연금소득으로 과세된다)으로 1,500만 원을 받았다고 하면 퇴직소득세는 다음과 같이 계산할 수 있다. 다만, 이해를 쉽게 하기 위해 2020년 전의 퇴직소득세 계산법부터 순차적으로 살펴보자.

① 퇴직소득 과세표준

퇴직소득금액 - 퇴직소득공제(퇴직급여 공제 + 근속연수 공제)

=1,500만 원 - (600만 원 + 500만 원) = 400만 원

종전의 퇴직급여 공제(정률공제)는 퇴직소득의 40%를 무조건 공제하는 것을 말하며, 근속연수 공제는 다음의 표처럼 근속연수에 따라 추가적으로 공제하는 것을 말한다. 즉 퇴직급여 공제는 퇴직소득 1,500만 원의 40%인 600만 원이며, 근속연수 공제는 500만 원(100만 원×5년)이다. 참고로 2023년 퇴직분부터 근속연수 공제가 아래 표의 오른쪽처럼 개정되었다. 장기간 근속할수록 퇴직소득세 부담이 다소 줄어들 것으로 보인다.

근속연수	종전	현행
5년 이하	30만 원×근속연수	100만 원×근속연수
5년 초과 ~ 10년 이하	150만 원+50만 원×(근속연수-5년)	500만 원+200만 원×(근속연수-5년)
10년 초과 ~ 20년 이하	400만 원+80만 원×(근속연수-10년)	1,500만 원+250만 원×(근속연수-10년)
20년 초과	1,200만 원+120만 원×(근속연수-20년)	4,000만 원+300만 원×(근속연수-20년)

② 퇴직소득 산출세액

[(400만 원×5배)÷5년]×6~45%÷5배×5년 = 24만 원

그런데 이러한 퇴직소득세 계산 방식 중 퇴직급여 공제(정률공제)와 세율 적용 방식이 최근에 개정되었다. 따라서 앞으로 퇴직금을 지급할 때에는 개정 규정을 적용해야 한다(2020년 이후 지급분). 개정 규정에 의한 계산은 다음과 같다(정률공제→환산 급여 공제, 5배수 연분연승→12배수 연분연승으로 개정).

① 퇴직소득 - 근속연수 공제(100만 원×5년) = 1,500만 원 - 500만 원 = 1,000만 원

② 연분: ①×12÷근속연수(5년)=2,400만 원

③ (②-환산 급여 공제*)×6~45% = (2,400만 원 - 1,760만 원)× 6~45% = 640만 원×6% = 38만 4,000원

    ＊환산 급여가 800만 원 초과 7,000만 원 이하 시 '800만 원+800만 원 초과분의 60%' 공제 (기타의 공제율은 소득세법 제48조 참조)

④ 연승: ③×근속연수(5년) ÷ 12 = 16만 원

TIP

연금소득은 어떤 식으로 과세될까?

연금은 원칙적으로 다른 소득에 합해서 종합과세가 되나, 민간 금융회사에서 지급받은 연금소득은 연간 수령액이 1,500만 원에 미달하면 지급받을 때 떼인 원천징수세액(3~5%)만 부담하면 되며, 이를 초과하는 경우에는 다른 소득에 합산해 종합과세를 적용받거나 분리과세(15%)를 선택할 수 있다.

기업 CEO의
퇴직금과 절세법

이대박 사장이 뭔가 골똘히 생각하고 있다.

"조 과장, 잠깐 이리로 와 보겠나."

"사장님 무슨 일이십니까?"

"나, 한 가지 궁금한 게 있어. 내 친구 말이, 요즘 중소기업 사장들을 대상으로 보험을 파는데 성과가 아주 좋다고 하더군. 뭐, 보험금을 퇴직금으로 가져가면 절세 효과가 크게 나타난다니 솔깃하지 뭐야. 그래서 하는 말인데 조 과장은 혹 그 내용 좀 아나?"

"그, 글쎄요. 한번 알아보고 보고를 드리겠습니다."

조억만 과장은 인터넷 검색 등을 통해 다음과 같은 사실을 알 수 있었다.

「법인사업으로 운용되는 중소기업 CEO들은 근로소득보다는 퇴직소득으로 소득 처리하는 것이 세금을 크게 절약할 수 있다. 따라서 대표이사가 퇴직 전까지 저축성 보험에 가입한 뒤 퇴직(또는 중간정산) 시에 보험금을 퇴직금으로 지급하면 개인 및 법인도 절세할 수 있고 자금 운영 측면에서 유리하다.」

"조 과장. 우리는 개인기업이니 해당 사항이 없어 아쉽군. 하지만 머지않아 우리도 법인을 만들면 이 부분을 써먹을 수 있을 것 같은데?"

"네, 그렇습니다."

기업 CEO들은 왜 퇴직소득을 선호하나

기업(법인기업을 말함)을 창업한 사람들은 주주인 동시에 근로소득자인 경영자가 된다. 따라서 이들이 기업의 이익을 가져오는 방법은 다른 근로자나 주주들보다 훨씬 다양하다. 예를 들면 근로소득이나 배당소득 또는 퇴직소득 중의 하나 또는 두 가지 이상의 방법으로도 가져올 수 있다.

또한 그 금액도 마음대로 정할 수 있다. 물론 상법이나 세법 등에서 지급 금액에 대해 규제를 두고 있지만 미리 이런 부분을 고려해 정비해 두면 문제가 없다. 구체적으로 정관 등에서 지급 한도를 높여 두면 이익의 대부분을 가져올 수도 있다. 그런데 문제는 이런 소득에 대해서 높은 세율이 적용되어 많은 세금을 낼 수밖에 없다는 데 있다.

근로소득에 적용되는 세율은 6~45%로써 누진세율에 해당하기 때문에 소득이 높은 층은 많은 세금을 떼일 수밖에 없다. 예를 들어 연봉에서 각종 공제(근로소득공제와 종합소득공제)를 적용한 금액이 1억 원인 경우 대략적인 세금과 가처분소득은 다음과 같다. 다만, 공제를 적용하기 전의 연봉 소득은 1억 3,000만 원(결국 3,000만 원이 이런 공제금액인 셈인데, 실무적으로 공제금액이 이보다 낮을 수 있다)이라고 하자.

- 세금 = 과세표준 × 세율 = 1억 원 × 35% - 1,544만 원(누진공제액)
  = 1,956만 원
- 가처분소득 = 1억 3,000만 원 - 1,956만 원 = 1억 1,044만 원

이렇게 결정된 세금이 연봉의 약 15%(=1,956만 원/1억 3,000만 원)을 깎아 먹어 결국 가처분소득을 줄이게 된다. 그래서 소득을 조절할 수 있는 경영자들은 근로소득으로 과세 받는 것보다는 퇴직소득으로 과세 받는 것을 선호한다. 퇴직소득으로 과세되면 근로소득이나 배당소득과는 다른 과세 방식이 적용되기 때문이다.

예를 들어, 앞의 1억 3,000만 원이 퇴직소득으로 과세된다고 하자. 그리고 재직 기간은 10년이다.

만일 퇴직 시기가 2020년 이후라면 아래와 같이 개정 규정으로만 퇴직소득세를 계산한다. 참고로 근속연수 공제는 최근 개정된 내용에 따르면 1,500만 원(500만 원+200만 원×5년)이 적용된다.

- ① 퇴직소득 - 근속연수 공제(10년) = 1억 3,000만 원 - 1,500만 원 = 1억 1,500만 원
- ② 연분: ①×12÷근속연수(10년) = 1억 3,800만 원
- ③ (②-환산 급여 공제*)×6～45% = (1억 3,800만 원 - 7,880만 원)×6～45% = 5,920만 원×24% - 576만 원(누진공제) = 844만 8,000원
  - * 환산 급여가 1억~3억 원 이하인 경우 '6,170만 원+1억 원 초과분의 45%' 공제
- ④ 연승: ③×근속연수(10년)÷12 = 704만 원

　　근로소득과 개정 세법에 따른 퇴직소득의 세금을 비교하면 퇴직소득이 약 1,252만 원 적다. 근로소득을 퇴직소득으로 처리했을 때 약 64%의 근로소득세가 절감된다. 이처럼 퇴직소득세가 근로소득세보다 저렴하므로 기업들은 가급적 퇴직소득을 늘리려고 한다. 이에 정부는 소득세법상의 퇴직소득 한도를 축소하기에 이르렀다(2019년 3년간 연평균 급여×3배수×근속연수에서 2020년 이후 적립분부터 2배수로 축소). 참고로 임원의 퇴직소득세 계산 방식은 잦은 세법 개정으로 인해 내용이 상당히 복잡하므로 관련 규정을 충실히 보아야 한다.

CEO의 퇴직소득 재원은 어떻게 만드는가

근로소득보다는 퇴직소득으로 처리하는 것이 세금 측면에서 유리하다. 그런데 문제는 퇴직소득은 원칙적으로 퇴직 시에 지급되어야 하는데 퇴직 때까지 재원을 어떻게 확보할 것인가가 관건이 된다.

이러한 배경 아래 보험 상품이 판매되고 있다. 기업의 CEO를 피보험자로 하고 수익자를 법인으로 하여 보험료를 지출하게 되면 그 보험료는 기업의 자산(단, 일부는 비용)으로 처리가 된다. 이렇게 사외의 금융기관에 재원이 쌓여 가므로 추후에 현금을 안전하게 확보할 수 있게 된다.

그 후 CEO가 퇴직을 하게 되면 계약자 명의를 법인에서 CEO로 돌린다. 이때 보험금으로 지급받는 퇴직금은 퇴직소득세 세율을 적용받게 된다. 물론 계약자 명의가 법인에서 개인으로 바뀌었으므로 개인은 자신의 형편에 맞게 보험금을 연금 형태로 나눠 수령할 수 있게 된다.

기업은 다음과 같은 혜택을 누릴 수 있다.

기업은 퇴직금 재원을 마련하는 동안 자금이 필요한 경우에는 보험 등의 자유로운 입출금식 기능을 활용하며 이를 융통성 있게 사용할 수 있다. 시중의 상품 중 유니버셜 기능(입출금이 자유로운 기능)을 가진 상품이 이에 해당한다. 이 외에도 다음과 같은 장점이 있다.

① 위험 보장 기능

피보험자를 대표이사 등으로 하는 경우가 대부분이므로 약관에서 규정한 보험사고가 발생하면 보험금을 수령할 수 있다.

② 퇴직금 재원의 안정적인 마련

퇴직금 재원이 외부에 있으므로 안정적으로 확보하는 효과를 누릴 수 있다. 만일 퇴직충당금이나 기타 계정과목으로 퇴직금 재원을 사내에 유보하는 경우에는 현금 고갈로 퇴직금을 제때 지급하지 못할 가능성이 있다.

③ 법인세 절세 효과

보험금을 수령하고 이를 CEO의 퇴직금으로 사용한 경우 퇴직금은 기업의 비용에 해당하므로 전액 비용 처리를 할 수 있다. 다만, 임원의 퇴직금 지급 한도 규정을 지킬 필요가 있다. 아래의 TIP을 참조하기 바란다.

따라서 앞의 내용들을 활용할 때에는 기업의 규모, 은퇴, 현금흐름 등 재무적 상황과 여러 가지를 종합적으로 검토한 후 실익 분석을 하여 대응하는 것이 좋을 것으로 보인다. 참고로 장기 금융상품은 중도에 해지하면 손해를 볼 수 있기 때문에 가입 규모 등을 잘 정해야 한다.

임원의 퇴직금 처리 방법

종업원의 퇴직급여는 사전에 사규 등에 의해 지급되는 경우가 많다. 따라서 종업원과 관련한 퇴직급여는 큰 문제가 없다. 그런데 임원들의 경우에는 주주총회를 통해 그 한도가 정해지는 것이 일반적이나 그렇지 못한 경우도 있을 수 있다. 따라서 임원 퇴직금은 언제라도 과도하게 집행될 가능성이 있다. 이에 세법은 종업원의 퇴직금에 대해서는 무제한적으로 이를 인정하나 임원에 대해서는 다음과 같이 지급 한도를 두고 있다. 그리고 임원의 퇴직금 한도 초과액은 비용으로 인정하지 않는 한편 해당 임원에 대한 상여로 본다.

- 정관에 규정되어 있는 경우: 그 정관에 정해진 금액(정관에서 위임된 퇴직급여 규정이 따로 있는 경우에는 이에 규정된 금액). 이 금액은 반드시 주주총회를 거쳐서 확정되어야 하며, 이사회 결의만으로는 안 됨.
- 그 외의 경우: 퇴직 전 1년간 총급여액×10%×근속연수

참고로 2016년부터 임원도 퇴직금 중간정산이 원칙적으로 제한되고 있다. 따라서 임원도 퇴직 시점에 퇴직금을 받아야 한다.

chapter 06

종합소득세
이렇게 절세한다

경영 실적을
분석하라

"조 과장! 슬슬 올해 실적 마감해야지? 뭐 대략적인 것은 매월 실적 보고를 받았고 분기별로 결산도 했으니 금방 하겠지?"

"사장님! 매출액이 7억 원이 넘었는데 그리 쉽게 끝나겠어요? 결산을 하려면 이것저것 따져야 할 게 얼마나 많은데요."

"참! 결산 업무는 세무사 사무소에서 하지 않나?"

"사장님! 아무리 그쪽에 일임하더라도 우리처럼 매출액이 많은 회사는 자체적으로 해 보고 서로 맞추어 보면 더 좋지 않을까요? 그래야만 경영상 문제점도 발견해 낼 수 있고, 또 절세도 할 수 있고……."

"그래. 조 과장의 말도 일리가 있어. 마무리되면 성과급에 대해서도 이야기하지."

"네. 알겠습니다. 사장님!"

조억만 과장은 성과급에 대한 얘기를 듣고 기분이 좋아졌다.

소득세를 신고하기 전에 사업 실적을 분석하라

먼저 조 과장은 결산서를 작성한 다음 내부 경영 관리용으로 사업 실적 분석표를 작성했다. 폼생디자인사는 매월 간단하게 실적 보고를 하고 분기별 결산을 한다. 그 결과를 토대로 당초 사업 계획과 비교·분석했다. 그렇게 하면 평소 어떤 문제점이 있는지 바로 알게 되고 그에 대한 개선책을 빨리 마련할 수 있어서 더 나은 경영 관리가 되는 셈이다.

폼생디자인사의 손익실적 분석표

(단위: 천 원)

구분	당초 계획	실적			차이(실적-계획)	
		상반기	하반기	계	금액	증감율(%)
매출액	630,000	400,000	325,000	725,000	95,000	15.08
매출원가	378,000	220,000	180,000	400,000	22,000	5.82
매출총이익	252,000	180,000	145,000	325,000	73,000	28.96
판매관리비	189,500	110,000	90,000	200,000	10,500	5.54
영업이익	62,500	70,000	55,000	125,000	62,500	100.00
영업 외 수익	-	-	-	-	-	-
영업 외 비용	3,600	1,800	1,800	3,600	-	-
소득세 차감 전 순이익	58,900	68,200	53,200	121,400	62,500	106.11
소득세 등	6,075	8,208	15,342*	23,550	17,475	287.6
당기순이익	52,825	59,992	37,858	97,850	45,025	85.2

* [1억 2,140만 원-1,000만 원(소득공제 가정)]×기본세율(6~45%)-820만 8,000원(상반기 예상 세금)=1,534만 2,000원

폼생디자인사의 경우 당기순이익은 5,282만 5,000원을 계획하였

는데 9,785만 원의 실적을 올리며 당초보다 4,502만 5,000원이 초과 달성되었다. 이는 계획 대비 85.2%가 증가된 것이다.

손익 차이 원인 분석

폼생디자인사의 손익 분석표는 여러 항목(계정과목)을 요약한 것이다. 예를 들면 판매관리비는 수십 가지 항목으로 구분이 되나 여기에서는 편의상 이를 압축한 것이다. 따라서 실무에서는 세부적인 각 항목별로 계획 대비 실적(작년 또는 올해)을 비교·분석할 수 있을 것이다.

중요한 몇 가지만 분석해 보자.

① 영업이익이 계획 대비 100% 증가했다

매출액은 15.08% 증가했는데 영업이익이 100% 증가한 이유는 무엇일까?

이는 당초 사업 계획 시 매출원가율을 60%로 가정했으나 실제로는 55%(매출원가÷매출액) 수준에 머물러 주로 매출원가 하락이 영업이익의 증가를 이끌었다.

한편 판매관리비는 매출이 증가했는데도 추가로 투입되는 비용이 적었다. 이는 종업원 개인의 생산성이 향상되었음을 보여 준다.

② 소득세 등이 크게 증가했다

영업이익이 증가되었는데도 당기순이익이 떨어진 것은 소득세 등이 크게 증가했다는 데 그 이유가 있다. 소득세 등은 매출액이 증가되었으므로 당연히 증가되나 증가율이 높은 것은 누진세율 특성에 따른 결과다. 한편 앞의 표에서 소득세 등은 소득세 차감 전 순이익에서 1,000만 원의 소득공제액을 차감한 금액을 기준하여 대략적으로 계산한 것이다.

대차대조표 항목 분석

이러한 손익계산서가 작성되었다면 대차대조표('재무상태표'라고도 함)도 쉽게 작성할 수 있다. 그런데 대차대조표 또한 각 항목별로 분석하는 것이 바람직하다.

먼저 부채 항목인 미지급, 외상매입금, 은행 차입금 등을 보면 이들은 거래처나 금융기관에 바로 갚아야 하는 돈들을 의미한다. 따라서 내가 주어야 할 돈이 정당한지, 시기는 언제인지 분석한다.

한편 외상매출금이나 미수금이 많은 경우에도 꼼꼼한 분석을 요한다. 예를 들어 외상매출금은 오래될수록 못 받을 가능성이 높으나, 외상매출금이 다른 우량의 것과 섞여 있어 이를 구분하지 못할 가능성도 있다. 따라서 외상매출금에 대해서는 정기적으로 점검하고 그것이 부실하게 되지 않도록 관심을 기울여야 한다.

손익실적 분석을 하면 다양한 효과를 볼 수 있다. 물론 분석은 회사 여건에 맞게 매월, 분기, 상반기 등으로 나누어서 실적을 집계하고 세금을 추계하면 여러 가지 문제점을 발견할 수 있게 된다.

폼샌디자인사의 경우 상반기와 하반기 실적을 비교해 보면 상반기 실적이 더 좋음을 알 수 있다.

회계이익은 어떻게 산정되는가?

190쪽의 손익실적표는 재무제표의 하나인 손익계산서를 이용한 것이다. 이 표의 마지막 란의 당기순이익은 바로 회계상의 이익을 뜻한다. 물론 세금은 이 이익을 기초로 하여 이 금액에 몇 가지를 가감하여 매겨진다. 따라서 소득세가 어떻게 나오는지를 알려면 이 이익이 어떻게 도출되는지를 알아야 한다.

대략적으로 회계이익은 수익에서 비용을 차감하여 산정할 수 있다. 여기서 수익은 보통 매출, 비용은 경비를 의미한다고 볼 수 있다. 그런데 비용 중에는 지출이 수반되지 않는 비용이 있을 수 있다. 감가상각비가 가장 대표적이다. 비품 등을 구입할 때만 목돈이 들어가나 몇 년이 흘러가도 쓸 수 있으므로 비용을 배분하는 작업이 필요하다. 그래서 이러한 비품 등은 사용할 수 있는 기간(대충 5년) 동안 나누어서 비용 처리를 하도록 하고 있다.

회계이익 산정 과정의 예를 들어 보자.

현금 매출 1,500원, 비품 구입 1,000원, 인건비 100원을 지출한 경우 회계이익의 산정 과정은? 단 비품에 대한 감가상각비는 5년 동안 균등액 상각(1,000원 ÷5년=200원)한다.

매출	1,500원
비용	300원
인건비	100원
비품 감가상각비	200원
이익	1,200원

만일 현금 기준으로 이익을 산정하면 1,500원 – (1,000원 + 100원) = 400원이 되나, 회계상의 이익은 현금 기준이 아닌 비용이 발생하는 기준으로 처리하여야 한다.

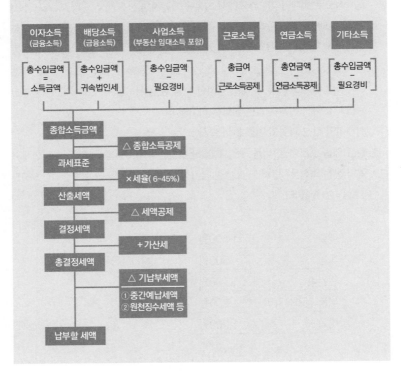

TIP

종합소득세 과세 체계

종합과세는 임대소득을 근로소득이나 사업소득 등에 합산해 6~45%의 세율로 과세하는 방식을 말한다. 종합소득세 과세 체계를 알아보면 다음과 같다.

이자소득 (금융소득)	배당소득 (금융소득)	사업소득 (부동산 임대소득 포함)	근로소득	연금소득	기타소득
총수입금액 = 소득금액	총수입금액 + 귀속법인세	총수입금액 – 필요경비	총급여 – 근로소득공제	총연금액 – 연금소득공제	총수입금액 – 필요경비

종합소득금액
△ 종합소득공제

과세표준
× 세율(6~45%)

산출세액
△ 세액공제

결정세액
＋ 가산세

총결정세액
△ 기납부세액
① 중간예납세액
② 원천징수세액 등

납부할 세액

사업소득금액을 정확히
파악하면 세금을 덜 낸다

이대박 사장은 조억만 과장이 작성한 손익실적 분석표를 보고 매우 흡족했다. 당초 계획보다 훨씬 많은 매출을 달성했기 때문이다. 그래서 조억만 과장이 작성한 손익실적 분석표를 근거로 성과급을 지급하기로 했다. 그런데 이 사장은 그 분석표를 보고 한 가지 의문이 들기 시작했다.

"조 과장! 여기 소득세 2,409만 원 모두 내야 하는 거야?"

"아뇨, 사장님. 여기 소득세는 대략적으로 계산한 것입니다. 소득세는 소득세법에 따라 계산해야 하는데 당기순이익을 세무조정을 통해 과세소득으로 바꿔 과세한다고 합니다. 그런데 사장님! 이 사업소득은 사장님의 다른 소득이 있으면 합산해서 신고해야 하는데, 다른 소득이 있나요? 이를테면 부동산 임대소득이라든가, 근로소득이라든가…….”

이대박 사장은 사업소득 외에 다른 종합소득이 있느냐는 질문에 곰곰이 생각해 보았다. ‘내가 우리 회사 소득 말고 다른 소득이 있나? 근로소득은 작년에 처리됐으니까 신규로 개업한 올해와는 상관없고, 통장에 붙은 이자소득도 있긴 하지만 2,000만 원이 안 되니까 종합소득이랑 상관없고, 부동산 임대소득은 더더욱 없고…….’

“아니, 없는데?”

“그러면 이번에 종합소득세 신고는 우리 회사 것만 들어가네요?”

“그런 셈이지. 아무쪼록 조 과장이 알아서 보고해.”

얼마 뒤에 조 과장은 대리에서 과장으로 승진한 든든세무법인의 김상세 과장을 만나 사업소득 산정 과정을 듣게 되었다.

“과장님! 폼생디자인사의 사업소득금액이 1억 원 정도 나왔어요.”

“아, 그렇게 많이 줄었습니까? 우리가 했을 때는 1억 2,000만 원 정도였는데……. 물론 세무조정을 거친다는 것은 알지만 어디서 차이가 났을까요?”

김상세 과장은 다음과 같이 장부에 비용을 추가로 계상하고 세무조정(회계이익을 과세소득으로 고치는 작업)을 했다고 대답했다.

〈장부에 추가로 계상한 비용〉

- 감가상각비: 600만 원
- 퇴직연금 부담금 계상: 700만 원

- 대손충당금 계상: 200만 원
- 계: 1,500만 원

〈세무조정으로 반영한 사항〉

① 과세소득을 증가시키는 조정
   - 접대비 한도 초과액: 100만 원
   - 범칙금과 가사 비용: 100만 원
② 과세소득을 감소시키는 조정
   - 연구 및 인력 개발 준비금 활용: 700만 원
③ 계: ①-② = △500만 원(비용을 계상하는 효과)

즉 장부에 비용으로 추가 계상한 것은 1,500만 원이었고 세무조정을 통해 과세소득 500만 원을 추가로 줄여 모두 2,000만 원이 줄어들었다.

따라서 정확한 사업소득금액은 1억 140만 원(1억 2,140만 원 - 2,000만 원)이 되었다.

"그러면 세금이 팍 줄겠네요?"

조억만 과장이 흥분을 감추지 않고 말했다.

"아니요. 이제부터 시작이에요. 우선 사장님의 사업소득금액과 다른 소득을 합산해야 하고, 소득공제를 한 다음 세액공제나 감면을 적용하면 정확한 산출세액이 나옵니다."

"저희 사장님은 이 사업소득금액만 있습니다."

"그러면 저희가 종합소득 신고와 관련된 안내문을 다음 주 중으로 보낼 테니 사장님의 공제 서류를 보내 주세요."

얼마 후에 조 과장은 든든세무법인으로부터 종합소득세 신고서를 받게 되었다.

소득세 계산 구조를 알아야 절세할 수 있다

든든세무법인의 김상세 과장이 보내온 이대박 사장의 신고서는 다음과 같았다. 폼생디자인사의 조 과장이 예측한 약 2,409만 원(지방소득세 제외)보다 1,185만 원(2,409만 원 - 1,224만 원)이 적었다. 조 과장은 김상세 과장으로부터 받은 신고서를 보고 궁금한 사항을 물어보기로 했다.

이대박 사장의 종합소득세 신고서

(단위: 원)

구분	종합소득세	지방소득세	농어촌특별세
종합소득금액	101,400,000		
소득공제	10,000,000		
과세표준	91,400,000	12,240,000	
세율	35%	10%	20%
산출세액	16,550,000	1,224,000	
세액감면	3,310,000		
세액공제	1,000,000		
결정세액	12,240,000		
가산세			
기납부세액			
납부할 세액	12,240,000	1,224,000	

먼저, 종합소득금액을 산정하는 방법을 살펴보자

종합소득금액은 거주자에게 이자·배당·근로·사업·연금·기타소득 금액이 있는 경우 이를 합산하여 소득금액을 정하는 것을 말한다. 이러한 소득들은 다음과 같은 조건하에서 합산하여 과세된다.

소득 종류	과세 방법	적용 조건
이자·배당소득	종합 합산과세	연간 금융소득이 2,000만 원을 초과해야 종합과세
근로·사업소득 (부동산 임대 포함)		무조건 종합과세
연금소득		연간 사적 연금소득이 1,500만 원을 초과해야 종합과세 (또는 15% 분리과세 중 선택)*
기타소득		연간 소득금액이 300만 원 초과해야 종합과세
양도소득	분류과세	양도차익이 발생하면 독자적으로 과세
퇴직소득		퇴직소득이 발생하면 독자적으로 과세

* 공적 연금은 금액에 상관없이 종합과세한다.

폼생디자인사의 이대박 사장은 사업소득과 이자소득이 있으나 이자소득은 2,000만 원이 안 되므로 결국 사업소득만 종합과세된다. 참고로 양도소득은 종합소득 항목이 아니라 별도의 계산 구조로 과세가 된다.

둘째, 사업자의 종합소득공제를 보자

사업자의 종합소득공제는 소득금액에서 차감하는 항목으로 근로소득자보다 공제 항목이 적다는 것이 특징이다.

종류		공제 내용
인적공제	기본공제	본인, 배우자, 부양가족: 1인당 150만 원
	추가공제	• 경로우대자(70세 이상): 100만 원 • 장애인: 1인당 200만 원 • 맞벌이 부부: 50만 원
연금보험료 공제		국민연금보험료 전액
노란우산공제		연간 불입액 중 200만~600만 원 한도

※ 사업자의 건강보험료는 필요경비로 처리된다.

폼생디자인사의 이대박 사장이 제출한 서류에 의한 공제금액은 총 1,000만 원이었다.

- **기본공제**: 600만 원 [4명(본인, 배우자 등)×150만 원]
- **국민연금보험료 공제**: 200만 원
- **노란우산공제**: 200만 원
- **계**: 1,000만 원

셋째, 산출세액을 보자

이 사장의 경우 과세표준이 9,140만 원이므로 산출세액은 1,655만 원 (9,140만 원×35%-1,544만 원)이다. 한편 기업이 조세감면 등을 받을 때는 최저한세(최소한 내야 되는 세금)를 검토해야 한다.

넷째, 세액감면과 세액공제를 보자

세액감면은 조세감면 요건에 부합하면 감면율에 해당하는 세금을 깎아 주는 것을 말한다.

폼생디자인사는 수도권 안에서 건설업인 중소기업(소기업에 해당)을 운영하고 있으므로 20%의 중소기업 특별세액감면을 받을 수 있다. 그러나 조명 기구 판매 등의 소매업에서 발생한 소득에 대한 산출세액에 대해서는 10%가 적용된다. 따라서 2가지 업종을 동시에 하는 경우에는 소득 구분이 필요하다. 위 신고서의 감면은 편의상 인테리어 부문과 소매 판매분을 구분하지 않고 모두 20%를 적용받을 수 있는 것으로 하였다.

한편 세액공제는 세금의 일부를 깎아 주는 것을 말한다. 이에는 대표적으로 간편 장부 대상자가 복식 장부를 작성하여 신고하면 20%를 100만 원 한도로 깎아 주는 기장세액공제가 있다. 또 종합소득금액에 배당소득이나 근로소득이 있거나 외국에서 납부한 세금이 있는 경우 법 절차에 따라 공제받을 수 있다. 또한 조세특례제한법에서 적용하는 투자세액공제 등이 있다(「chapter 01 창업할 때 이런 점에 주의하라」 참조).

다섯째, 기납부세액을 보자

기납부세액으로는 11월 달에 납부하는 중간예납세액과 수시로 납부하는 원천징수세액이 있다. 중간예납세액은 개업한 연도에는 발생하지 않으나, 개업 이후 연도마다 원칙적으로 직전년도에 납부한 세액의 1/2가 고지되며 전년도 납부세액이 없으면 가결산 방법으로 신고·납부해야 한다.

원천징수세액은 상대방으로부터 사업소득이나 기타소득을 지급받을 때 수입금액의 3.3%나 기타소득금액의 22%(또는 수입금액의 8.8%)로 떼인 금액이다.

여섯째, 지방소득세와 농어촌특별세를 보자

지방소득세는 종합소득세의 결정세액을 기준으로 10%를 과세한다. 이대박 사장의 경우 결정세액이 1,224만 원이므로 그 금액의 10%인 122만 4,000원이 지방소득세가 된다. 한편 농어촌특별세는 조세특례제한법상 세액공제나 세액감면을 받은 경우 감면받은 세액의 20%를 내야 한다. 그러나 중소기업이나 연구개발에 관련된 세액감면 등에 대해서는 농어촌특별세액을 과세하지 않는다. 위와 같이 신고서가 작성되었다면 대차대조표와 세무조정계산서 등을 첨부하여 5월 31일(성실신고확인 사업자는 6월 30일)까지 주소지 관할 세무서에 신고·납부하면 된다.

조억만 과장은 김상세 과장의 설명을 듣고 대략적으로 이해는 했지만 세액감면이나 세액공제는 감이 덜 잡혔다.

"과장님! 세액공제나 세액감면에 대해서는 좀 더 자세한 설명이 필요할 것 같네요?"

"사실 저도 그 부분이 약해서 우리 세무사님의 도움을 받고 있지요. 과장님께서 궁금하신 사항이 있으면 세무사님께 직접 물어보세요."

TIP 공동사업자들의 세금 정산법

공동사업자들은 한 사업장에서 발생한 수입과 경비를 한꺼번에 처리한 후 각자의 소득분배 비율로 나눠 소득금액을 계산한다. 부가가치세 신고는 사업장별로 하지만 소득세 신고는 각자의 몫에 대해 하는 차이가 있다.

TIP 프리랜서 사업자들의 소득세 신고법

어느 사업장에 고용되지 않은 프리랜서 사업자(자유직업 소득자)들은 보통 수수료 등을 지급받을 때 지급 금액의 3.3%가 원천징수 된다. 그리고 난 후 다음 해 5월(성실신고확인 사업자는 6월) 중에 종합소득세를 확정신고 해야 한다. 이 과정에서 원천징수된 3.3%는 기납부세액공제로 산출세액에서 차감된다. 이들도 사업자에 해당하므로 원칙적으로 장부 작성 등의 의무가 있다. 만약 가공 경비 등을 포함해 소득세를 신고한 경우 사후 검증 및 세무조사 시 문제가 될 수 있음에 유의해야 한다. 참고로 경비가 부족한 프리랜서나 자영사업자의 경우 세금이 과다하게 부과되는 일이 많다. 따라서 이 같은 상황이 반복될 시에는 법인 설립을 적극적으로 검토해 보는 것이 좋다. 대표자의 급여를 경비로 처리할 수 있는 등의 장점이 탁월하기 때문이다. 제7장을 참조하기 바란다.

소득세, 남들보다 많이 내지 않는지 살펴라

"사장님! 작년 세금은 지방소득세를 포함하여 1,400만 원 정도 됩니다. 당초 예상액보다 많이 줄었습니다."

조억만 과장이 이 사장에게 종합소득세 신고 업무를 보고하는 중이다.

"음, 생각보다 많이 줄었군. 조 과장! 우리 회사 재무제표도 있나?"

"아니, 왜요?"

"같이 맞춰 보려고……."

이 사장은 재무제표상의 손익과 종합소득신고서의 부속서류로 첨부된 명세서 등을 비교하기 시작했다.

"조 과장! 수고 많았어. 조 과장 덕분에 세금이 많이 줄어들었네."

"아니에요. 그보다는 저 역시 이번 결산과 세무 신고를 하면서 많은

걸 배워서 너무 기분 좋습니다."

"그래. 좋은 현상이군. 우리 회사가 앞으로 법인으로 전환되면 조 과장의 책임이 더욱 막중해질 거야."

이 사장은 대략적인 세금액을 확인하고 몇 가지 확인이 안 된 것은 고단수 세무사에게 물어보았다.

"우리 회사 종합소득세 신고서 잘 받아 보았습니다. 그런데 몇 가지 의문 사항이 있어서요. 우리가 계산했을 때와 비교해 보면 종합소득 금액이 다소 차이가 나고, 또 솔직히 말해서 세액감면과 세액공제에 대해 이해가 안 됩니다. 그리고 우리 회사 규모로 보아 지금 계산된 것이 적당한지도 모르겠고요."

"구체적으로 하나하나씩 말씀해 주시겠어요?"

"종합소득금액을 보니까 1억 140만 원인데 우리는 소득세 비용을 반영하지 않은 당기순이익이 1억 2,140만 원으로 2,000만 원이 차이가 나네요."

"아, 사장님이 말한 당기순이익은 회계상의 이익이라 세금을 매기는 과세소득과는 당연히 차이가 나지요. 이는 사업연도 중 회계 처리가 세법 기준에 위배되는 것이 있으면 그 차이를 조절하기 때문에 발생합니다. 예를 들면 회사 업무를 위해 접대비 1억 원을 쓴다면 회계상으로는 1억 원이 모두 비용으로 계상됩니다. 하지만 세법은 무분별한 경비 지출을 억제하기 위해 한도를 정해 놓고 한도 내의 것만 비용으로 인정하기 때문에 한도를 초과한 회계상의 비용을 부인합니다. 한편으로는 정책적으로 비용을 인정하거나 하지 않는 것도 있고…….

결과적으로 회계상과 세무상의 차이 때문에 금액이 달라졌다고 보시면 됩니다.”

“대략적인 이해는 되는데 각 항목을 그런 식으로 하다 보면 나 같은 사람은 좀 어렵다는 생각이 드네요. 그럼 세액감면과 세액공제는 어떻게 봐야 하죠?”

“세액감면 등은 산출세액을 직접적으로 깎아 주니까 경영자라면 항상 관심을 갖고 있어야 하죠. 제가 지금까지 수십 개의 거래처를 겪어 보았는데 세액감면이나 세액공제를 제대로 알고 있는 사장들이 별로 없더군요. 그만큼 생소하게 느껴지니까⋯⋯.”

사업을 하다 보면 남들과 세금의 크기를 비교하는 경우가 많다. 여기서 남이란 동종업계를 생각하면 될 것이다.

이대박 사장의 경우 신고된 소득이 모두 인테리어 부문에서 발생하였다면 소득률(사업소득금액÷매출액)은 13.99%(1억 140만 원÷7억 2,500만 원×100%)이다. 과세당국이 적정하다고 보는 표준소득률 14.6%보다 약간 낮다. 하지만 이 정도의 비율은 실무적으로 큰 문제가 없다(대략적으로 80% 이상을 유지하면 된다).

따라서 이대박 사장이 내야 되는 세금은 동종업계 사업자들이 내고 있는 것과 큰 차이는 없다. 동종업계의 다른 사람들도 이 사장의 소득률에 해당되는 세금을 내고 있다고 보면 된다.

이대박 사장은 고단수 세무사로부터 내야 될 세금을 미리 예측할 수 있다는 말을 들었다.

"아니, 세무사님. 세금을 어떻게 예측할 수 있다는 말이죠? 우리 회사는 실적을 기준으로 얼마인가만 따져 보기 때문에 전체에 대해서는 잘 모르는데요."

"여태까지 잘해 오지 않으셨습니까. 폼생디자인사의 경우 사업계획서를 짜고 시행하면서 계획과 실적을 대비하셨으니까요. 그리고 그 실적과 나머지 계획을 합하여 전체를 추정하고……."

"그렇군요. 이 세금 예측은 그렇게 해서 나오는 것이군요."

"뭐 사업하는 분들이야 매출이 얼마면 세금은 얼마라는 것을 동물적인 감각으로 알겠지만, 그래도 이런 경영 도구를 이용해서 세금을 예측하는 것은 나중에 법인기업으로 확장했을 때를 대비해서 반드시 필요합니다."

자! 고단수 세무사가 말한 세금 예측에 대한 메커니즘을 보자.

〈가정〉
- K 씨는 분기 결산마다 세금 예측을 함.
- 소득공제는 기본공제 300만 원 및 국민연금보험료 공제 200만 원, 노란우산공제 260만 원 등 모두 760만 원이 적용됨.

다음의 도구는 사업 계획 관리의 일환이다. 즉 분기별로 다음과 같은 표를 작성하되 분기 실적과 분기 계획을 합산하여 당기순이익 등을 추정하여 나가게 된다. 이 작업을 정기적으로 하다 보면 세금 예측뿐 아니라 매출액 성장률 등을 알 수 있다. 또 별도 세금 측면만을 본다면 조세부담률, 소득률 등을 각 항목별(비정상적인 증가율, 성실도 분석 관련 율 등)로 검토하고 문제점을 찾아 개선시키는 작업을 할 수 있다.

다음 표에서 당기순이익률은 전기와 대비하여 6.4% 증가되는 것으로 나오지만 산출세액은 88.4%가 증가되는 것으로 나타난다. 따라서 전기보다 1,154만 원 정도의 세금을 더 납부할 것으로 예상된다. 이렇게 세금을 예측하였다면 적극적으로 합법적인 절세 방안들을 찾아보자. 노력한 만큼 세금을 절약할 수 있다.

세금 예측 메커니즘

(단위: 천 원)

구분	전기 실적	당기			증감률
		1/4분기 실적	2/4~4/4 분기 추정	계	
매출액	300,000	100,000	300,000	400,000	33.3%
비용	214,000	71,000	207,000	278,000	41.9%
인건비	70,000	30,000	90,000	120,000	71.4%
복리후생비	12,000	5,000	12,000	17,000	41.7%
접대비	8,000	4,000	8,000	12,000	50.0%
소모품비	5,000	2,000	7,000	9,000	80.0%
감가상각비	100,000	25,000	75,000	100,000	0.0%
지급수수료	8,000	3,000	7,000	10,000	25.0%
기타	11,000	2,000	8,000	10,000	-9.1%
당기순이익 (순이익률)	86,000 (29%)	29,000 (29%)	93,000 (31%)	122,000 (31%)	41.9% (6.4%)
소득공제	7,600			7,600	0.0%
과세표준	78,400			114,400	45.9%
산출세액 (조세부담률)	13,056 (4.35%)			24,600 (6.15%)	88.4% (41.4%)

잘 쓴 장부, 절세의 기본!

"투명 씨! 어머니 소득세 신고 잘 마쳤지?"

"네. 어머니는 그렇게 복잡한 것이 없어서 그냥 제가 했어요."

"그러면 장부는 어떻게 하고?"

"장부는 그냥 간편 장부를 썼는데요?"

"간편 장부가 뭐야? 우리 회사는 전표를 끊어서 세무사 사무실에 주면 거기서 회계 처리를 검증하고 입력하면 장부가 전산에 의해 자동으로 출력되던데? 계정별 원장도 있고 분개장도 있고……."

"우리 어머니는 규모도 작고 거래 내역도 단순해서 거래 내역만 기재한 간편 장부로 부가가치세와 소득세를 신고했어요."

"누구는 그렇게 간편하게 작성해도 되고, 누구는 세무사 사무소에 매달 기장료를 주면서 복잡하게 작성해야 되고. 도대체 무슨 기준으로 그렇게 나뉘는지 궁금해지네. 투명 씨가 한번 알아봐."

돈투명 씨는 조 과장의 말을 듣고 든든세무법인의 김상세 과장에게 물어보았다.

모든 사업자에게는 장부 작성 의무가 있다

사업자(자유직업 소득자 포함)라면 사업의 성과나 재무 상태를 복식부기에 의해 장부에 기록하여 일정 기간 보관(법적으로는 5년간)해야 한다.

하지만 동네 슈퍼마켓처럼 영세한 소규모 사업자라면 규모가 큰 회사에 비해 기장에 따른 부담이 상대적으로 무거울 수 있다. 이러한 현실을 반영하여 세법은 장부 작성 대상자를 다음과 같이 구분하고 있다. 참고로 법인은 모두 복식부기로 기장해야 한다.

사업자 유형	장부 종류	비고
중소 규모 사업자	간편 장부	거래 사실만 기록
중소 규모 이외의 사업자*	복식부기에 의한 장부	회계 처리를 함.

* 매출액이 제조·도소매업 15억 원, 숙박·음식업 7억 5,000만 원, 서비스업 5억 원을 넘는 성실신고확인 대상 사업자들은 성실신고확인서를 제출해야 한다. 이는 세무 검증을 강화하는 제도로 이를 제대로 제출하지 않으면 세무 대리인을 징계하는 등의 벌칙이 뒤따른다. 따라서 이들은 세법에 맞게 장부 작성을 해야 한다는 점에 유의해야 한다.

여기서 간편 장부 대상자인 '중소 규모 사업자'란 다음의 사업자를

말한다. 돈투명 씨 어머니의 경우 신규 사업자이므로 간편 장부 대상
자가 된다.

- 신규 사업자
- 직전년도 수입금액이 다음의 금액에 미달하는 사업자(겸업 시는 환산하여
  수입금액이 큰 업종으로 봄.)
  - 1차 산업, 부동산 매매업, 도소매업, 광업, 아래 이외의 업종 : 3억 원
  - 제조업, 숙박·음식업, 전기·가스 및 수도업, 운수업, 건설업, 소비자 용
    품, 수리업, 창고업, 금융보험업 등 : 1억 5,000만 원
  - 부동산 임대업, 서비스업 : 7,500만 원

한편 폼생디자인사도 개인회사로 창업했으므로 개업 연도에는 간
편 장부 대상자가 되나, 그다음 연도부터 수입금액이 기준금액(건설업
의 경우 1억 5,000만 원) 이상이 되면 복식부기 의무자로 바뀌므로 회
계의 연속 처리나 회사 기초를 탄탄하게 만들기 위해 창업 연도부터
복식부기 장부를 선택했다.

'복식부기에 의한 장부'는 회계상의 거래가 발생할 때마다 회계 처
리를 통해 장부를 작성하는 방법이다. '간편 장부'란 거래가 발생한 날
짜 순서대로 거래 내용만을 기록하면 장부로 인정되는 것을 말한다.
특히 간편 장부는 회계 지식이 없더라도 쉽고 간편하게 작성할 수
있도록 만들어졌다(실무상 엑셀 등을 이용하면 편리할 것이다).

간편 장부의 예

일자	거래 내용	거래처	수입(매출)		비용		고정자산 증감		비고
			금액	VAT	금액	VAT	금액	VAT	

　사업자라면 앞에서 말한 간편 장부나 복식부기 장부 중 하나를 작성하여 5년 동안 보관해야 한다. 그런데 현실적으로 모든 사업자가 기장을 하고 있을까? 아니다.

　아주 영세한 사업자는 기장을 하지 않는다. 예를 들면 연간 매출액이 4,800만 원이 안 되는 사업자나 회사에서 연말정산 되는 사업소득만 있는 보험설계사 등이 그러하다. 이들은 기장을 하지 않더라도 무기장 가산세 등이 없어서 불이익을 받지 않고 종합소득 신고도 간단하게 끝난다. 따라서 이러한 사업자는 기장을 할 필요성을 잘 느끼지 못한다.

　문제는 연간 매출 규모가 4,800만 원 이상인 사업자이다. 이들은 간편 장부나 복식부기 장부를 작성해야 된다. 만약 장부를 작성하지 않으면 대략 산출세액의 20%를 무기장 가산세로 내야 된다. 따라서 불이익이 상당히 크다고 할 수 있다.

　불이익을 받는 내용과 기장을 했을 때 기장세액공제를 요약하면 다음과 같다.

구분	무기장 시 가산세	기장 시 기장세액공제
간편 장부 대상자	○ (소규모 사업자* 제외)	○ (100만 원 한도)
복식부기 의무자	○	×

* 소규모 사업자는 당해 신규 사업자와 직전 말 총수입금액이 4,800만 원에 미달하는 사업자와 연말정산 되는 사업소득만 있는 사업자(예 : 보험설계사 등)를 말함.

그렇다면 기장을 하지 않는 사업자의 소득세 신고는 어떻게 할까?

이런 경우에는 기준경비율 제도를 적용한다. 이 제도의 핵심은 바로 수입금액에서 공제되는 비용 중 매입비, 임차료, 인건비 등 3대 비용은 객관적인 증빙에 의해 공제하고, 나머지에 대한 비용은 수입금액의 몇 %(이 비율이 기준경비율이다)를 추가로 공제하여 소득금액을 결정하겠다는 것이다. 즉 기준경비율이 적용되면 소득금액은 다음과 같이 대략적으로 정해진다.

- 소득금액 = 총수입금액 - 3대 주요경비 - (수입금액 × 기준경비율*)
    * 복식부기 의무자는 기준경비율의 1/2만 경비로 인정됨에 유의할 것

예를 들면 수입금액이 1,000원, 3대 주요경비가 500원, 기준경비율(국세청 홈페이지에서 조회)이 20%라면 소득금액은 300원[1,000원 - 500원 - (1,000원 × 20%)]이 된다. 이 소득금액이 종합소득금액에 합산된다.

한편 기준경비율이 아닌 단순경비율이 적용되는 경우가 있다. 주로 영

세한 업체를 대상으로 소득금액을 결정하는 방법인데, 총수입금액에서 총수입금액에 단순경비율을 곱한 금액을 빼면 바로 소득금액이 된다.

예를 들어 수입이 1,000원이고 단순경비율이 80%라면 소득금액은 200원[1,000원 - (1,000원×80%)]이다.

기준경비율과 단순경비율 적용 대상 구분은 업종별로 다르다. 신규 사업자가 아닌 사업자는 직전년도 수입금액이 도소매업·부동산 매매업은 6,000만 원, 제조업·숙박업·음식업·운수업·건설업은 3,600만 원, 부동산 임대업·서비스업은 2,400만 원에 미달하면 단순경비율이 적용된다. 물론 그 이상이 되면 기준경비율이 적용된다. 한편 신규 사업자는 위 업종별로 수입금액이 3억 원, 1억 5,000만 원, 7,500만 원 이상이면 기준경비율 제도를 적용받는다. 따라서 신규 사업자라도 사업 첫해에 수입금액이 많으면 단순경비율 제도를 적용받을 수 없음에 유의해야 한다.

종합소득세 스스로 계산해 보기

종합소득세 산출세액을 구해 보자. 다음 자료로 빈칸을 채워 보자. 이는 소득세 계산 구조 중 산출세액 단계까지 구하는 것이다.

〈자료〉
• 결산서상의 매출 등

매출: 76,000,000원, 비용: 36,000,000원

- 세무조정 사항

  접대비 한도 초과: 1,000,000원, 가사 비용: 500,000원

- 가족 사항: 본인, 배우자, 초등학생 자녀 1명

- 소득공제 사항

  국민연금보험료 공제 1,500,000원, 노란우산공제 1,600,000원

(단위: 원)

구분	결산서	세무조정	계
매출	76,000,000	–	76,000,000
필요경비	36,000,000	(①)	34,500,000
이익	40,000,000		(②)
종합소득공제			(③)
과세표준			33,900,000
산출세액			(④)

〈해답〉

① △1,500,000원: 회계상 비용 중 접대비 초과분과 집에서 사용하는 비용 등은 비용으로 인정되지 않는다. 결과적으로 회계상 비용이 일부 인정되지 않으므로 비용이 줄어든다.

② 41,500,000원: 위의 비용들이 인정되지 않아 과세소득은 회계이익보다 150만 원이 증가되었다.

③ 7,600,000원: 사업자가 받을 수 있는 종합소득공제는 기본공제, 추가공제, 국민연금보험료·노란우산공제 정도가 된다.

  - 기본공제: 450만 원(3명×150만 원)

- 국민연금보험료 공제: 150만 원

- 노란우산공제: 160만 원

- 계: 760만 원

④ **4,005,000원**: 산출세액은 과세표준에 기본세율을 곱하여 계산한다.

3,390만 원 × 15% - 126만 원(누진공제액) = 382만 5,000원

사업자의 소득공제·세액공제

사업자의 소득공제는 크게 인적공제와 기타공제로 구분된다. 인적공제는 기본 공제와 추가공제, 기타공제에는 국민연금보험료·노란우산공제(200만~600만 원 한도)가 있다. 한편 세액공제에는 자녀세액공제(1명 15만 원, 2명 35만 원 등), 연 금계좌세액공제(12%), 성실신고확인 사업자에게 적용되는 의료비 및 교육비 세액공제(15%)가 있다. 한편 사업자가 지출한 건강보험료, 기부금에 대해서는 소득공제나 세액공제 대신 필요경비로만 처리해야 한다.

사업자의
11가지 절세 방법

사업소득에 대한 세금이나 경영 관리는 하루아침에 완성되지 않는다. 다만, 최고경영자부터 담당자까지 세세한 것도 놓치지 않으려는 마음가짐을 가지고 있다면 최적의 의사 결정 구조를 갖게 될 것이다.

절세 전략 1: 회계와 세무 컨설팅을 받아라

회계와 세무 컨설팅은 회계와 세무뿐만 아니라 경영 전반에 대한 내용과 함께 검토될 수 있다. 사업의 질이 좋은지, 회계 처리가 회계 기준을 준수하고 있는지, 절세할 수 있는 요소가 있는지 등을 전문가와 함께 검토한다면 경영 및 재무 관리에 많은 도움을 받을 것이다.

절세 전략 2 : 장부 및 증빙 관리를 소홀히 하지 말라

장부 및 증빙 관리는 아무리 강조해도 지나치지 않다. 장부 및 기장 관리에 대해서는 세부적인 지침을 만들어 시행하도록 하자. 세무사 사무소에 기장 의뢰를 했더라도 지침에 의한 점검이 필요하다.

절세 전략 3 : 최소한 분기 결산으로 사전에 문제점을 파악하라

분기 결산을 하다 보면 여러 가지 관리 전략을 세울 수 있다.

절세 전략 4 : 경영자여, 대차대조표와 손익계산서를 읽어라

유능한 경영자는 이를 경영의 필수로 생각한다. 이를 모르고 회사를 운영한다면 높은 파도에 좌초될 위기에 놓인 배와 같은 꼴이 된다.

절세 전략 5 : 세금 감면 부분을 잘 알고 있어라

우리 회사에 적용되는 감면 제도엔 어떤 것이 있는지 돈을 주고서라도 보고서를 받아 보자.

절세 전략 6 : 불필요한 세금을 내지 않도록 수익 비용을 잘 관리하라

비용 관리는 연초부터 계획되고 지침이 마련된 상태에서 이루어져야 한다.

- 재고자산의 자가소비

재고자산의 자가소비액(개인 용도 사용액)은 총수입금액에 산입되고 부가가치세가 과세되므로 주의해야 한다.

- **대표자의 급여**

  개인사업자의 급여는 필요경비로 인정받지 못한다. 반면 법인 대표자와 배우자 등이 근무하여 급여를 받는 경우에는 필요경비로 인정된다.

- **매출 누락 등에 대한 사전 점검**

  고의에 의한 매출 누락이든 실수이든 상관없이 그에 대한 영향을 고려하여야 한다. 매출 누락이 적발된 경우 매출 누락액에 상당하는 세액이 추징될 수 있다.

- **각종 충당금**

  사업소득금액에서 필요경비는 현금 지출분만을 의미하지 않는다. 필요경비는 사업을 위해 필수적으로 발생되는 경비이므로 건물의 감가상각비 등도 해당한다. 따라서 소득세법에서는 이러한 비용도 필요경비로 산입할 수 있도록 다양한 제도를 운영하고 있다.

- **가사 관련 경비**

  가사와 관련된 경비는 원칙적으로 필요경비로 인정받지 못한다. 집에서 발생한 경비는 사업과 무관하다.

- **자금을 과도하게 인출하는 경우**

  사업주가 은행 등으로부터 사업 자금을 빌려서 이자가 발생한 경우 원칙적으로 필요경비로 인정되지만, 자금을 과도하게 인출하는 경우에는 그 이자 중 일정 부분은 필요경비로 인정받지 못한다.

- **이월결손금 공제**

  사업자가 사업을 하여 손해를 본 경우에는 소득세를 내지 않는다.

그런데 손해를 본 다음 연도에 이익이 발생한 경우 그 발생된 이익을 기준으로 과세가 되나 10년(2021년 이후 신고분: 15년) 안에 발생한 결손금이 있는 경우에는 이익에서 그 결손금을 100%(단, 중소기업 외 일반기업은 80%) 차감해 준다. 물론 이월된 결손금을 공제받기 위해서는 장부에 의해 확인되어야(기장을 해야) 한다.

• 소득공제와 세액감면·세액공제 활용

소득공제는 과세표준을 줄여 산출세액을 낮추어 주며, 세액감면과 세액공제는 산출세액의 일부분을 직접 감하여 주는 것이다. 따라서 소득공제나 세액공제 및 세액감면을 정확하게 받는 것이 중요하다.

절세 전략 7: 신고 및 납부 기한을 잘 지켜라

세법은 각 세목에 따라 신고 및 납부 기한을 정하고 이를 어긴 경우에는 가산세를 내도록 정해 놓고 있다. 가산세는 주로 신고에 대한 것과 납부에 대한 것으로 구분할 수 있다. 따라서 신고 기한을 넘기지 않고 제때에 신고 및 납부하는 것이 불필요한 세금 지출을 하지 않는 방법이다.

절세 전략 8: 부당 거래를 하지 마라

이중으로 장부를 작성하거나 허위신고를 하게 되면 부가가치세와 소득세 등에서 가산세를 40%씩 맞을 수 있다. 따라서 성실신고를 하는 것도 세금을 절약하는 길이 된다.

절세 전략 9: 돈 내기 힘들면 분납하거나 납부를 연기하라

세금을 체납하면 가산세, 가산금, 중가산금, 압류 등이 뒤따르게 된다. 어떠한 일이 있더라도 체납은 하지 말자. 억울하면 불복 절차를 통해서, 적법하면 다음과 같은 제도를 통해 해결하자.

- 분납

  분납 제도는 자진 납부할 세금이 1,000만 원을 넘는 경우, 그 납부세액의 일부를 납부 기한 경과 후 2개월 안에 나누어서 납부하는 제도이다.

- 납부 기한 연기

  납세자가 사업 중에 화재나 재해를 당해 심한 손해를 입는 등 중대한 위기에 처했을 때는 신고 기한을 연기하거나 납부나 징수 기한 연장 신청을 할 수 있다. 사업이 어렵다고 아무런 조치를 취하지 않는다면 가산세와 가산금 등의 불이익을 받을 수밖에 없다.

- 징수 유예

  징수 유예란 국세 등의 징수(납세 고지, 독촉 등)를 일정 기간 늦추어 주는 제도로, 법에서 정한 유예 요건을 충족해야 한다. 보통 유예한 다음 날로부터 9월 이내가 유예기간이 된다.

절세 전략 10: 휴·폐업을 하면 정리를 잘해야 된다

사업자가 폐업신고를 한 경우에는 더 이상 사업자가 아니다. 하지만 폐업 전에 발생한 소득에 대한 소득세와 폐업 시 남아 있는 재화에 대한 부가가치세를 내야 한다.

절세 전략 11: 억울한 세금이 있으면 불복하라

억울하게 세금을 낸 후 잠을 못 자는가? 그럴 때는 걱정을 접고 정식적인 절차를 밟아 세금을 돌려받아라. 부과된 세금이 세법에 위배되거나 부당한 경우라면 불복 절차를 거쳐 환급받을 수 있는 창구를 열어 두고 있다.

TIP

수정신고 안내문 대처 요령

최근 개인사업자 등을 대상으로 수정신고 안내문이 보내진 경우가 부쩍 늘어났다. 사업자들이 이에 대처를 잘못하면 세무조사 등의 불이익이 발생하므로 다음과 같이 조치를 취한다.

첫째, 수정신고 안내문을 분석한다
안내문의 요구 사항 등을 명확히 분석하여 대응 방안을 마련한다.

둘째, 매출 누락이나 잘못 계상된 경비가 있다면 수정신고를 한다
수정신고 시에는 본세 및 과소신고 가산세* 등을 납부해야 한다.

* 실무에서는 일반 과소신고 가산세(10%)가 적용되는 경우에 이 가산세와 무기장 가산세(20%) 중 큰 것으로 가산세를 내고 있다.

셋째, 잘못 신고된 부분이 없다면 근거 자료 등을 제시한다
실질과세 원칙에 의하여 신고한 경우에는 수정신고가 불필요하므로 장부나 관련 증빙 등을 제출하도록 한다.

개인과 법인, 무엇이 좋을까?

개인회사로 남을까, 법인을 만들까?

폼생디자인사는 그동안 내실 경영을 펼친 결과 창업한 지 얼마 되지 않아 15억 원의 매출을 달성하게 되었다. 그러자 이대박 사장은 법인 전환을 생각했다. 체계적으로 사업을 확장하고 싶었기 때문이었다.

이 문제를 논의하기 위해 이대박 사장은 조억만 과장과 함께 든든 세무법인의 고단수 세무사를 만났다.

"오늘은 저희 회사 법인 전환에 대해 가장 효율적인 방법을 찾기 위해 이렇게 모였습니다. 개인과 법인의 장단점은 당초 사업 계획을 짤 때 대략 검토했으므로 오늘은 실질적으로 우리 회사에 도움이 될 만한 말씀을 해 주셨으면 합니다. 고 세무사님."

"이 사장님! 우선 향후 매출액의 규모가 지금보다 몇 배 확대될 가능성이 있고 그에 따라 모든 업무 처리를 조직적으로 진행하려면 법인 형태가 좋다는 것에 동의하시죠?"

고단수 세무사는 이대박 사장과 조억만 과장을 둘러보며 말을 이어나갔다.

"우선, 개인기업과 법인기업은 사업 주체가 다릅니다. 개인기업은 말 그대로 사장님이 사업 주체입니다. 그러나 법인기업은 사장님이 아닌 법인이 사업 주체가 되며 이 법인의 업무를 이끄는 것은 대표이사, 이사회, 주주총회 등이지요. 따라서 상법과 세법 등에서는 법인이 개인과 분리되므로 자칫 위험에 빠질 수 있어 이를 보호하고자 여러 가지 규제를 하고 있습니다. 상법에서 이사의 책임을 정하고, 법인이 부당한 거래를 한 경우 세법을 통해 불이익을 준다든지 하는 것들입니다. 사정이 이러한데도 법인으로 기업을 운영하려는 사람들이 많은 것은 몇 가지 이유가 있지요."

고단수 세무사가 말한 몇 가지 이유를 살펴보자.

첫째, 성장 가능성이 있는 업종에서는 법인기업이 유리하다. 성장 가능성이 있는 업종이라면 우수한 인재나 투자 자금을 확보하기가 상대적으로 쉽기 때문이다.

둘째, 대외 신용 면에서 법인기업이 우수하다. 사업 내용이 똑같더라도 개인기업이냐 법인기업이냐에 따라 금융권이나 일반인들의 시각은 다르다. 일반적으로 법인기업이 개인기업보다 신용도가 높고 대외적인 공신력이 높다.

셋째, 향후 코스닥 등록이나 상장을 하면 중견기업 이상으로 회사를 발전시킬 수 있다. 이에 적합한 기업 형태는 법인기업이다.

넷째, 세금 부담 면에서는 일반적으로 개인기업보다 법인기업이 더 많은 혜택을 누린다.

"세무사님이 지적해 주신 것 중 개인과 법인의 세금 차이가 어느 정도 되는지 우리 회사 작년의 실적을 가지고 계산해 볼 수 있을까요?"

이대박 사장은 법인을 운영하면 어떤 세금을 얼마나 내고 개인사업자일 때와 무슨 차이가 나는지 딱히 알 수 없었다.

폼생디자인사의 작년 과세기간의 매출은 약 15억 원이었으며 당기순이익은 2억 5,000만 원이었다. 물론 이 당기순이익에는 이 사장이 매달 가지고 가는 생활비 1,000만 원 정도가 포함되어 있었다.

"사장님! 작년에 당기순이익이 2억 5,000만 원이었고 종합소득공제액이 1,000만 원이라면 과세표준은 2억 4,000만 원, 여기에 38% 구간의 세율을 적용하면 산출세액은 7,126만 원[2억 4,000만 원×38% - 1,994만 원(누진공제액)]이 됩니다. 그런데 만일 법인으로 했다면 다음과 같이 세금이 산출되지요."

- 법인세: (2억 5,000만 원-1억 2,000만 원)×법인세율=1,170만 원
- 근로소득세: (1억 2,000만 원-2,000만 원)×소득세율=1,956만 원
- 계: 3,126만 원

즉 법인세를 계산할 때는 대표이사의 급여는 비용으로 인정되는 대신 근로소득세를 내야 하므로 위와 같이 총 3,126만 원의 세금이 발생한다.

위에서 법인세율은 과세표준이 2억 원 이하이므로 9%를 적용하였다. 한편 근로소득의 경우 종합소득공제액은 신분이 근로소득자에 해당하므로 공제 폭이 넓은 점을 감안하여 2,000만 원을 공제했다.

"그래서 법인의 세금이 개인의 세금보다 유리하다고 하는군요?"

"그 말씀 중 일부는 맞고 일부는 틀립니다. 법인의 소득을 배당하는 경우 개인이 부담하는 소득세가 더 많아질 수 있습니다. 하지만 여러 경험에 의해 법인으로 하는 경우가 개인기업보다 세금 부담이 적은 것이 현실입니다. 법인에 대한 조세지원 정책도 많고요."

"그런데 법인으로 만들면 통장을 모두 노출시켜야 된다면서요?"

"그렇습니다. 보통 개인기업의 경우 회사 거래 통장을 갖추고 회사를 운영하나 사업 통장에서 생활비를 인출해서 써도 큰 문제는 없습니다. 그런데 법인기업의 경우에는 그런 것이 허용되지 않습니다. 설령 조그만 법인기업이라서 사장이 주도적으로 통장을 관리하더라도 입출금 관계가 확실하지 않으면 세무상으로 큰 불이익을 당하게 됩니다."

"구체적으로 말씀해 주시겠습니까?"

"자금의 용도가 명확하지 않으면 회사의 차입금 이자가 부인당할 수 있고, 없어진 돈은 대표이사가 가져간 것으로 보아 상여 처분이 될 수도 있습니다. 그렇게 되면 법인도, 대표이사도 세금이 많이 증가할 수 있습니다."

"세무사님, 그렇다면 우리는 별로 걱정할 것이 없네요. 우리 회사는 사적인 것과 공적인 것은 완전히 구별해서 처리하고 있으니까요. 회사를 키우려고 하는데 그런 데서 문제가 된다면 차라리 법인을 안 만드는 것이 좋을 것 같네요."

"맞습니다. 딱히 회사의 목적도 아리송하면서 무슨 주식회사니 하고 명함 건네는 사람들이 많은데, 그런 것은 바람직하지 않습니다. 물론 그런 주식회사 중 돈 대 준 사람(주주)과 전문경영인이 따로 있으면 모를까, 자기 돈 내서 그렇게 운영하려면 차라리 법인을 만들지 말고 개인회사를 하는 것이 훨씬 속 편하죠. 겉은 법인이지만 속은 개인기업체가 많은 것이 우리나라 현실입니다. 그리하여 과세당국은 항상 이러한 법인에 대해 강도 높은 세무조사를 예고하고 있습니다."

"잘 알겠습니다. 그나저나 우리 회사를 법인으로 바꾸려면 어떻게 해야 합니까?"

"폼생디자인사는 지금의 업무가 그대로 이어지므로 크게 달라지는 것이 없습니다. 또한 법인 설립등기만 하면 법인 자격이 갖추어지고 세무서에 법인 설립신고와 사업자등록 신청을 하면 사업 주체가 법인으로 바뀌게 됩니다. 여기서 법인 설립등기는 법무사가 하지만 그에 관련된 것 몇 가지 정도는 챙겨 보아야 합니다."

개인회사에서 법인으로 전환하는 방법

　"우선 폼생디자인사는 개인회사로 출발했기 때문에 처음부터 법인으로 시작하는 곳과는 달리 몇 가지 서류상으로 정리할 것들이 있습니다. 개인회사를 승계하면서 발생하는 것들입니다. 만일 이런 정리가 귀찮다면 그런 절차 없이 개인기업을 폐업하고 법인을 신설하면 됩니다. 그런데 매출액 규모가 크고 또 조세감면을 받을 수 있는 업종도 많으므로 반드시 전문가에게 의뢰하여 전환하는 것이 바람직합니다."

　고단수 세무사는 개인회사를 법인으로 전환하는 방법에 대해 설명했다.

개인기업을 법인으로 전환할 때는 조세감면을 받을 수 있는 방법과 그렇지 않은 방법으로 구분된다. 부동산을 개인기업에서 법인기업으로 넘기면 양도에 해당되어 양도소득세를 부과하는 것이 원칙이지만, 조세감면을 받는 경우에는 양도소득세를 나중에 과세하거나(이월과세) 법인이 취득한 부동산에 대한 취득세를 면제받는 등의 혜택이 있다(단, 2020. 8. 12. 이후 부동산 임대사업자가 법인 전환 시 취득세 감면 배제).

그런데 이렇게 조세감면을 받을 수 있는 업종은 주로 부동산을 많이 소유하고 있는 업종이므로 폼생디자인사와는 별 상관이 없다. 그래서 일반적인 사업 양수도 방법으로 법인을 설립하기로 했다.

일반 사업 양도·양수에 의한 법인 전환 절차를 순서대로 요약해 보자.

1. 법인 설립을 한 다음 법인과 개인기업 간에 사업 양수도 계약을 체결하고 개인기업의 폐업 및 부가가치세를 신고한다

주식회사의 설립 절차는 '정관 작성 → 회사의 실체 구성 → 설립등기' 순으로 이루어진다.

여기서 '정관 작성'은 회사 조직과 활동에 관한 기본 규칙에 해당하는 것으로 그 내용에 대해 목적, 상호, 회사가 발행할 주식의 총수, 1주의 금액 등이 법으로 정해져 있다. 정관은 회사의 중요한 내용들이 들어 있기 때문에 반드시 공증인의 인증을 받아야 한다. 인증을 받지 않으면 정관 자체가 무효가 된다.

'회사의 실체 구성'은 주주를 확정하고 자본을 모집하고 회사 기관을 구성하는 단계를 말한다. 자본을 모집하는 방법에는 발기 설립과 모집 설립이 있다. '발기 설립'은 발기인이 주식의 총수를 인수하는 방법이고, '모집 설립'은 자본의 일부를 별도의 주주로부터 청약받아 모집하는 방법을 뜻한다. 많은 사람들이 비교적 설립이 쉬운 발기 설립을 택한다.

'설립등기'는 발기 설립의 경우에는 검사인의 설립 경과 조사와 법원의 변경 처분에 따른 절차 완료일로부터 2주 안에 '법인 설립등기 신청서'에 정관과 주식 인수를 증명하는 서류 등을 첨부하여 본점 소재지 관할 등기소에 신청하면 된다. 설립등기를 함으로써 법인격이 취득되어 법인의 이름으로 영업 활동을 할 수 있게 된다.

2. 법인과 개인기업 간 사업 양수도 계약 체결을 알아보자

법인이 설립되면 개인기업과 사업 양수도 계약을 체결할 수 있게 된다. 물론 이 계약을 체결할 때는 사업의 양수에 관하여 주주총회 등의 특별결의가 필요하다. 주주가 몇 명 안 되는 회사는 현실적으로 요식행위에 불과하다.

한편 사업 양수도 계약서는 다음과 같은 내용들이 들어가야 한다.

사업 양수도 계약서

양도·양수 금액의 결정: 부당하게 결정되지 않도록 유의
자산과 부채에 관한 사항
영업소와 상호의 양도에 관한 사항
사용인의 인계에 관한 사항
포괄적인 양수도에 관한 사항: 부가가치세가 불필요하게 발생되지 않도록 유의

사업 양수도 금액은 자산 총액에서 부채 총액을 차감한 잔액으로 하되 시가를 반영하여 평가한다. 이때 주의해야 할 사항은 사업 양수도 금액이 부풀려진 경우에는 나중에 비용으로 인정받지 못하므로 사전에 주의를 요한다(이 외에 영업권을 누락하지 않도록 주의해야 함).

한편 본 사업 양수도 계약 시 사업에 관한 모든 권리와 의무가 양수도 됨으로써 불필요한 부가가치세가 발생되지 않도록 한다.

여기서 '포괄 양도'는 사업의 동질성이 유지되면서 경영 주체만 변경(미수금·미지급금·사업 무관 부동산을 제외하고 승계하는 경우에도 포괄적 양도에 해당)하는 것을 말한다. 예를 들면 부동산 임대용 건물을 포괄 양도하는 경우에는 사업을 양수한 사람의 사업 내용이 양도한 사람과 동일(임대업으로 영위)해야 한다. 단, 이러한 포괄 양도는 세법적으로 매우 주의해야 될 사항이기 때문에 반드시 세무사를 통해 처리해야 한다.

3. 개인기업의 결산과 이에 대한 폐업 및 부가가치세 신고를 하면 된다

개인기업의 결산은 법인기업으로 넘기는 자산과 부채를 정하는 기준이 되므로 기업회계기준에 따라 성실히 수행한다. 그런 다음 일정에 맞춰 개인기업을 폐업신고한 후 폐업신고일이 속하는 달의 말일로부터 25일 내 부가가치세 신고를 하든지, 부가가치세 신고를 하면서 폐업 사유를 신고서에 표시하든지 둘 중의 한 방법을 선택하면 된다.

4. 관할 세무서에 법인 설립신고 및 사업자등록 신청을 한다

사업자등록 신청을 할 때는 신청서에 사업 양수도 계약서 사본과 법인등기부등본(제출 의무는 폐지) 정도를 첨부하면 확실하게 사업자 등록증을 받을 수 있다.

사업 양수도 요건 완화

원래 사업 양수도 시 부가가치세가 비과세되기 위해서는 사업(업종)의 동질성이 유지되어야 한다. 예를 들어 임대사업을 양도하는 경우 사업 양수자도 임대업을 영위해야 한다는 것이다. 하지만 사업 동질성 요건을 갖추지 못한 거래가 많다. 따라서 이때는 부가가치세를 주고받아야 한다.

그런데 이런 거래는 부가가치세가 발생해도 거래 상대방이 환급받으면 국가 입장에서 실익이 없고 사업 양수자의 자금 흐름만 방해하게 된다.

그래서 이 사업의 동질성 요건을 삭제하였다. 따라서 다른 업종 간의 사업 양수도 부가가치세 없이 거래할 수 있게 되었다(아래 '주의' 참조).

더 나아가 종전 규정에 의하면 일반과세자가 간이과세자에게 양도하는 경우 이를 과세하던 것을 일반, 간이과세자를 불문하고 부가가치세 없이 포괄 양수도 계약을 맺을 수 있도록 하였다(단, 사업 양수인이 간이과세자인 경우 일반과세자로 과세유형이 자동적으로 바뀜에 유의).

※ 주의

최근에 포괄 양수도에 대한 과세당국의 입장이 상당히 많이 변하였다. 그중 이종 업종 간 포괄 양수도 시는 특히 주의해야 한다. 포괄 양수도 계약이 성립하려면 사업 양도 시점에 사업 양도 요건을 모두 충족하고 사업 양수일 이후에 포괄 양수한 사업장 일부의 업종을 변경하는 경우에 해당되어야 하기 때문이다. 따라서 사업 양도 시점에 업종이 다르다면 포괄 양수도 계약이 성립되지 않음에 주의해야 한다.

참고로 포괄 양수도 계약을 하더라도 양도자가 사업 양도에 대해 부가가치세를 신고 납부하고 양수인이 매입세액을 공제(환급)받았다면 발행한 세금계산서는 적정한 것으로 인정된다(부가가치세법 제39조 1항 3호 단서, 동법 시행령 제76조). 따라서 포괄 양수도 계약에 해당하는지 확신이 서지 않는 경우에는 세금계산서를 교부하는 식으로 업무 처리를 하는 것이 좋을 것으로 보인다.

법인 전환 시 주의해야 할 것들

법인 전환은 사업 내용이 좋은 개인사업자들에게 중요한 이슈가 될 수 있다. 법인 전환을 할 때 다양한 세무상의 쟁점이 발생하기 때문이다. 따라서 아래와 같은 사항들은 미리 검토하는 것이 좋다.

첫째, 포괄 양수도의 요건에 주의해야 한다

앞에서 보았듯이 포괄 양수도 계약 여부에 따라 부가가치세 발생 여부가 달라지므로 이의 요건을 철저히 준수하는 것이 좋다. 특히 이 계약에서는 인원의 승계 여부가 상당히 중요하다.

둘째, 영업권은 누락하지 않도록 한다

법인 전환 전 이익이 많이 생겼다면 영업권이 발생할 가능성이 높다. 따라서 이를 누락한 상태로 법인 전환을 하면 상속세 및 증여세법 시행령 제59조 제2항에서 정한 영업권을 받은 것으로 보아 소득세를 추징한다.

셋째, 부동산이 있는 경우에는 양도소득세 이월과세와 취득세 감면이 적용되는지의 여부를 확인해야 한다

원래 제조업 등의 영위 사업자가 법인 전환을 하면 개인의 양도소득세를 향후 법인이 양도할 때 낼 수 있고(이월과세), 법인은 취득세를 75%(2025년 50%)까지 감면받을 수 있다. 하지만 부동산 임대업의 경우 2020년 8월 12일 이후부터 더 이상 취득세 감면 혜택을 누릴 수 없게 되어 이 업종의 경우 법인 전환의 실익이 많이 없어지게 되었다.

넷째, 전환 후 법인에 대한 성실신고확인 제도가 3년간 시행된다

성실신고확인 대상 사업자들이 법인으로 전환한 경우에는 전환 후 3년 동안은 법인에 적용되는 성실신고확인 제도를 다시 적용받게 된다는 점에 유의해야 한다. 이는 개인사업자들이 성실신고확인에 따른 과중한 부담을 덜기 위해 법인 전환을 선택한 경우 3년간 사후관리를 하겠다는 의미를 담고 있다.

1인 법인 설립등기, 이렇게 하면 쉽다

폼생디자인사가 드디어 법인회사가 되었다.

이대박 사장은 회사명을 주식회사폼생디자인으로 바꾸었다. 그러고 나서 법인 설립을 위해 든든세무법인과 협력관계에 있는 확실법무법인의 법무사를 만났다.

법대로 법무사는 먼저 법인 설립등기 신청서와 정관 등을 준비해놓고 기다리고 있었다.

"아니, 정관 등은 저희 회사가 자체적으로 만드는 것이 아닙니까?"

이 사장이 의아하게 생각하면서 법무사에게 던진 말이었다.

"예, 맞습니다. 이것은 귀사에게 추천하는 샘플 정도로 생각하시면 됩니다. 이 정도면 괜찮다고 생각되는데, 수정을 하셔도 됩니다."

"알겠습니다. 그런데 자본금은 얼마나 준비해야 하나요?"

"원래 자본금은 최저 5,000만 원 정도가 필요했습니다만, 최근 최저자본금제도가 폐지되어 이론적으로는 100원짜리 회사도 설립 가능하게 되었습니다. 따라서 자본금이 넉넉하지 않더라도 회사를 차릴 수가 있게 되었습니다."

"법무사님, 그래도 어느 정도 자본금이 있어야 하지 않겠습니까? 자본금이 적으면 괜히 신용도 떨어지는 것 같던데요."

"하하, 맞는 말씀입니다. 자본금이 넉넉해야 채권자들이 안심하고 돈도 빌려주고 거래도 하려고 하겠지요."

"좋습니다. 일단 자본금 5,000만 원으로 시작을 해 보지요. 그리고 상황을 봐서 증자를 하면 어떨까 싶습니다."

이대박 사장은 자본금 5,000만 원짜리 주식회사를 생각하고 있었다.

"이사와 감사도 필요하고 주주 구성도 해야 할 텐데요?"

이대박 사장은 잊지 않고 주주 구성 등에 대해 물어보았다.

"원칙적으로 이사는 3명, 감사는 1명 이상이지만 소기업의 경우에는 이사 1명으로도 가능합니다. 주주 구성은 사장님처럼 1인 주주도 가능하므로 그리 신경 쓰지 않아도 됩니다. 즉 사장님이 회사 설립 발기인으로서 주식을 모두 인수하셔도 문제가 되지 않습니다. 물론 사장님이 100%의 주식을 인수하면 다른 이사나 감사들은 주식이 없죠."

(주)폼샘디자인은 다음과 같은 절차를 밟아 법인설립등기를 했다.

이대박 사장이 준비한 회사 설립 내역

상호		(주)폼샘디자인	
본점 소재지	서울시 마포구 ○○동 ○○번지	공고 신문	○○신문
자본금	50,000,000원	1주 금액	5,000원
사업 목적	실내장식 공사, 건축자재(조명 기구 등), 건설 컨설팅, 기타		
이사·감사의 성명, 주민등록번호, 주소, 지분율 대표이사: 이대박 … 지분율 75% 이사: ○○○ … 지분율 15% 이사: ○○○ … 지분율 10% 감사: ○○○			
주금납입 월·일	○○월 ○○일	주금납입 은행	행복은행

– 준비 서류 : 임원 전체 인감증명서 2통, 주민등록등본 1통, 인감도장
　(임원이 아닌 일반 주주가 있는 경우 성명, 주소, 도장)

- 주금납입

  주금납입은 대표이사의 신분증, 자본금(통장과 통장 도장 또는 현금 등), 주금납입의뢰서 등 각종 서류를 지참하여 행복은행에서 함.

- 법인 설립등기 신청 및 완료

● 확실법무법인은 주금납입보관증명서(잔고 증명)를 발급받아 주금납입 다음 날 등기를 완료함.

● 주금의 출금

납입된 주금은 법인등기부등본 1통, 법인인감증명서 1통, 법인인감도장, 사업자등록증을 지참하면 출금 가능함.

"그런데 사장님! 법인 설립등기할 때 비용이 들어간다는 것 아시죠? 설립비용에는 크게 증지대 등 수수료, 보수료가 있습니다."

"네, 잘 알고 말고요. 그런데 서울 등 대도시 안에서 법인등기를 하면 취득세가 중과세된다면서요?"

"예. 맞습니다."

이대박 사장이 궁금하게 생각한 법인 설립등기 비용을 보자.

먼저 법인 설립비용은 크게 세금과 기타 수수료로 구분되는데, 세금은 자본금 규모와 대도시 내외 여부에 따라 그 금액이 달라진다. 여기서 대도시란 서울시·인천시·경기도 수도권과 전국 광역시를 말한다.

법인 설립등기 비용

구분	자본금 5,000만 원		자본금 1,000만 원	
	대도시 외	대도시 내	대도시 외	대도시 내
취득세	20만 원	60만 원	4만 원	12만 원
교육세	4만 원	12만 원	8,000원	2만 4,000원
합계	24만 원	72만 원	4만 8,000원	14만 4,000원
증지대·공증료·법무사 수수료	실비 성격으로서 대략 50만 원에서 100만 원 사이			

(주)폼샘디자인은 서울에서 자본금 5,000만 원으로 설립되었으므로 세금 72만 원과 수수료가 70만 원 정도 발생하여 142만 원이 들었다.

"회사를 설립할 때 등기에 대한 중과세 말고 또 다른 경우가 있나요?"

"취득세에 대한 중과세가 있습니다. 그런데 이러한 중과세는 주로 서울 등 과밀억제권역 안에서 부동산을 취득하거나 공장을 신·증설하는 경우 또는 본점을 지방에서 이런 지역으로 이전하면 본 세율에 4%를 더하는 식으로 중과세하는 것이지요."

이사와 감사의 수

법인회사 설립 시 이사와 감사가 필요한데, 상법에서는 자본금의 크기에 따라 아래와 같이 이를 정하고 있다.

구분	자본금 10억 원 미만	자본금 10억 원 이상	비고
이사의 수	1~2명	3명 이상	상법 제383조
감사의 수	선임하지 않아도 됨.	1명 이상	상법 제409조

이사(주주)가 1인인 회사를 '1인 법인'이라고 한다. 참고로 법인이 본점을 이전하면 2주일 내에 이전에 따른 등기를 해야 한다. 또한 법인 자동차 등록지도 변경해야 한다. 한편 대표이사가 집주소를 이전한 경우에도 이에 대한 등기 의무를 이행해야 한다. 이러한 의무를 이행하지 않으면 과태료가 부과될 수 있음에 유의해야 한다.

결산 대책을 세우면
세금을 줄일 수 있다

(주)폼생디자인은 개인기업으로 창업한 지 5년이 지난 지금 매출액이 30억 원가량 늘었고 직원도 6명에서 30명으로 불어났다. 사업 영역도 학원이나 병의원 인테리어 설계와 시공 중심에서 컨설팅 영역이 추가되었고 관공서 등의 연구 용역 과제를 수행하기도 하였다.

"조 과장! 올해 매출 확정되었나?"

"예, 거의 다 되어 갑니다."

"매출 확정되면 결산 대책과 세금 예측 좀 해 줘야 되겠어. 은행이 매출을 보고 자금을 대여한다고 하네. 자금계획에 필요하니 빨리 해 주게."

"알겠습니다. 내일 오후 2시까지 보고드리겠습니다."

그날 밤 조 과장은 돈투명 씨와 함께 끙끙대며 열심히 컴퓨터 자판기와 계산기를 두드렸다.

다음 날 보고 시간이 되었다.

"사장님! 보고서가 작성되었는데요, 어제 말씀하신 매출 집계와 세금 예측에 대해서만 간략히 작성하였습니다."

"그래요. 봅시다. 음, 매출이 30억 원을 돌파했군. 그리고 세금은 산출세액은 8,000만 원 정도고 납부할 세금은 1,000만 원이네? 그런데 세금은 어떻게 예측했나?"

"네, 사장님! 올해 매출이 30억 원이고 이 중 원가와 판매관리비 등이 약 85%를 차지합니다. 여기에 법인세율을 곱하여 산출한 세액에서 저희들이 납부한 중간예납세액과 이자소득 등에 붙은 원천징수세액을 차감하여 계산한 것입니다."

"세금이 대강 예측된 것 같은데 더 세부적으로 짜 보았으면 좋겠군. 물론 결산 대책을 충실히 세우고 합법적으로 절세하는 방안을 든든세무법인과 논의해 보고……. 먼저 결산 대책안에 대해서는 작업이 되는 대로 보고해 주게."

조억만 과장은 든든세무법인의 김상세 과장을 찾았다.

"과장님! 오랜만이네요? 요즘 바쁘시죠?"

"항상 그렇죠 뭐. 월급쟁이 신세야 어디 가나 마찬가지 아닌가요? 그나저나 웬일로 이렇게 다 찾아오시고……."

"우리 회사 결산 대책과 법인세 절세 방안에 대해 협의하려고요."

"그래요. 벌써 1월이 되었으니 결산 대책을 세울 때가 되었네요. 참 작년 당기순이익은 얼마였나요?"

"보통 이익률 15% 내외에서 맞췄습니다. 맞추었다기보다는 그렇게 나오더라고요. 올해도 마찬가지가 아닐까 싶은데……."

"한번 해 봅시다. 오늘은 일단 몇 가지 중요한 것에 대해서만 짚고 넘어가고 다음에 만날 때는 구체적으로 세금 예측을 해 보죠. 참! 이렇게 결산 대책을 꾸리는 것도 알고 보면 세금을 줄이기 위한 방법 중의 하나이지요."

"맞습니다. 결산 대책이 부실하다면 나중에 절세 대책도 무의미하니까요."

김상세 과장과 조억만 과장은 (주)폼생디자인의 결산에 대해 협의하고 있었다. 이윽고 두 사람은 잠정적으로 회계상의 이익을 결정 내렸다. 물론 김상세 과장이 검토한 당기순이익은 담당 세무사인 고단수 씨가 검토하였다.

- 매출 확정: 30억 원

- 비용 확정: 25억 원

- 당기순이익: 5억 원 확정

"사장님, 든든세무법인의 김상세 과장과 맞춰 본 결과 우리 회사의 당기순이익은 5억 원 정도 되더군요. 손익을 내는 데 주요한 사항을 말씀드리겠습니다. 매출은 기업회계기준을 적용했고 비용은 다음과 같이 계상하였습니다."

- 인건비: 대표이사 급여 2억 원 반영, 종업원에 대한 퇴직급여 계상

- 새로운 자산 감가상각 방법: 4년, 정률법 적용

- 거래처 매출채권 대손충당금 계상

- 기타 세법상 인정되는 것은 세무조정으로 계상할 예정임.

"음, 수고 많았어. 작년에 비해 이익률이 크게 차이가 없네. 세금 예측은 여기 당기순이익을 기준으로 세무조정을 거쳐서 해야 하나?"

"네. 회계 처리의 대부분이 세법 기준과 일치하기 때문에 조정할 것은 몇 개 안 되지만 세금 감면 부분 등을 중요하게 고려해야 할 것 같습니다. 그래서 어느 정도 시간이 걸릴 것 같습니다."

그날 이 사장과 김 과장은 당기순이익을 확정시키는 데 이견이 없었다.

복잡한 법인세
깔끔하게 정리하기

드디어 (주)폼생디자인의 2기 법인세 신고서를 작성한 조억만 과장. 물론 최종적으로 대표이사의 서명이 남아 있었기 때문에 확정된 것이 라고 볼 수는 없지만 그래도 내심 뿌듯했다.

"사장님! 법인세 구조 아시죠?"

"어째 잘 기억이 나지 않는데?"

이 사장은 작년에 처음으로 법인세에 대해 알았는데 그때 설명이 너무 어려웠다는 기억만 있었다. 어려운 게 소득세에 비교할 것이 아 니었다.

"그런데 조 과장이 당초에 보고한 것은 산출세액 8,000만 원, 납부할 세액은 1,000만 원이라고 했는데, 산출세액 등이 다소 차이가 나네?"

(주)폼생디자인의 법인세 신고서

(단위: 원)

계산 구조		금액	산출 근거
당기순이익		500,000,000	결산서상의 이익
세무조정	익금산입	10,000,000	접대비 한도 초과분 등
	손금산입	50,000,000	준비금 손금산입 등
차가감 소득금액 계		460,000,000	-
지정기부금 한도 초과액		-	-
각 사업연도 소득금액		460,000,000	-
이월결손금 등		-	-
과세표준		460,000,000	-
세율		9~24%	9%, 19%, 21%, 24%(45쪽 참고)
산출세액		67,400,000	최저한세*에는 해당되지 않음.
세액감면·세액공제		20,000,000	투자세액공제 등
기납부 금액		50,000,000	중간예납세액, 원천징수세액을 차감
차감 납부할 세액		△2,600,000	-

＊ **최저한세**: 기업이 조세감면 등을 받은 경우에 조세감면의 혜택이 과다하게 되지 않도록 최소한 일정 수준 이상의 세금을 내도록 하는 제도를 말한다.

"예. 사장님, 회계상 당기순이익이 세무조정을 거쳐 과세소득이 된다는 것, 아시죠? 검토서를 보시면 익금산입과 손금산입이라는 칸이 있습니다. 이 칸에서 익금산입은 회계상 비용으로 인정된 것들이 비용 부인을 당해 결과적으로 과세소득을 늘리는 것의 유형들입니다. 아래의 손금산입은 회계상 비용은 아니나 세법상 비용으로 인정되어 과세소득을 줄이는 유형들을 말합니다. 이런 결과에 의해 접대비 한도 초과액이나 투자준비금 등을 세법에 맞게 처리하다 보니 당초와 달라졌습니다. 법인세에는 이러한 항목들이 꽤나 있습니다."

"어허, 이를 하나하나씩 뜯어볼 수도 없고……. 역시 조 과장이 요약해서 정리해 줘야겠군."

조억만 과장은 든든세무법인의 김상세 과장으로부터 받은 중소기업에 알맞은 세무조정 자료를 제시하였다.

- **매출**: 수익 인식 기준에 유의한다.
- **인건비**: 원칙적으로 비용으로 인정되지만 정관 등에 규정이 안 되거나 지급 규정을 초과한 임원의 상여금이나 퇴직금은 비용으로 인정되지 않는다.
- **접대비**: 3만 원 넘는 접대비를 신용카드로 쓰지 않은 경우에는 모두 비용으로 인정되지 않는다. 또한 중소기업의 경우 연간 3,600만 원과 수입금액의 30/10,000(매출액이 100억 원 이하인 경우)의 범위 안에서 지출액이 인정된다.
- **감가상각비**: 회사가 계상한 감가상각비는 세법상 한도 안에서 비용으로 인정된다.
- **대손충당금**: 회사가 계상한 대손충당금은 세법상 한도 안에서 비용으로 인정된다.
- **업무 무관 비용**: 관광인 경우 출장비로 인정받기 힘들다. 자칫 비

용도 부인당하고 해외여행을 다녀온 사람의 소득으로 처분될 수 있다.

- **부당 지원 비용**: 집에서 사용하거나 자기의 식구 등에게 지출한 비용은 전액 인정되지 않는다.
- **기타 조세지원 제도**: 중소기업에 대해서는 여러 가지 조세감면 제도를 운영하고 있으므로 반드시 검토한 후 적용해야 한다.

위와 같은 법인세는 법인이 1사업연도에 획득한 소득에 대해 법인세법에 따라 계산하여 납부하는 세금이다. 여기서 법인의 사업연도는 보통 1월 1일부터 12월 31일까지를 말하는데 그 기간에 걸쳐 법인과 관련된 모든 소득을 합산하게 된다.

개인의 경우에는 8가지 소득의 형태로 나누어 시행하나 비과세소득 범위를 넓게 하여 특정한 것만 과세하는 것(열거주의)과는 달리 법인의 경우에는 법인과 관련된 소득을 구분하지 않고 모두 과세(포괄주의)한다. 한편 법인세는 사업연도 종료일부터 3개월 이내(통상 3월 31일까지) 본점 소재지가 있는 관할 세무서에 신고·납부해야 한다.

※ **저자 주**
소득세나 법인세 신고 시 필요한 세무조정이나 소득처분 같은 개념은 어느 정도 세무회계 지식이 있어야 이해할 수 있다.

주식을 둘러싼 많은 세금, 한 번에 해결하자

"조 과장! 내가 갖고 있는 주식의 일부를 양도 또는 증여하거나 아니면 다른 사람들이 갖고 있는 주식을 내가 사들이면 어떤 문제가 생기나?"

"우리 회사는 아직 상장 전이기 때문에 비상장주식에 해당됩니다. 그래서 1주만 팔아도 양도소득세가 과세됩니다. 물론 증여하면 증여세가 과세되고요."

"그런데 주식을 취득하면 취득세를 내야 한다는 것은 무슨 말이지?"

"글쎄요. 처음 들어 보는데요. 그럼 제가 우리 회사를 기준으로 해서 주식과 관련된 세금 문제를 검토하여 보고서를 제출하겠습니다."

비상장법인의 주식과 관련해서 어떤 세무 문제가 발생할까?

우선, 개인 측면에서 보면 주식을 취득하고 보유하고 양도하거나 상속·증여가 발생할 때마다 세금 문제가 생긴다. 한편 주식을 발행하는 회사의 입장에서는 자본금의 증자나 감자, 그리고 부당한 발행에 따라 법인세와 증여세 등의 문제가 발생한다.

아래에서 (주)폼생디자인처럼 비상장법인이 발행한 주식과 관련하여 어떤 문제들이 생기는지 살펴보자.

있는데, 또 가진다? 취득세 내야지

주식을 과다하게 보유한 집단(주식을 50% 초과 보유한 과점주주)이 주식을 추가적으로 취득하면 취득세를 내야 한다. 이게 무슨 뜻일까?

현행 지방세법에서는 이러한 과점주주가 비상장법인의 주식을 추가로 취득한 경우, 당해 법인이 취득세를 신고·납부하는 것과 별도로 과점주주가 취득세를 신고·납부하도록 정해 놓고 있다. 다만 기업 설립 당시에 과점주주가 되는 경우에는 취득세를 부과하지 않지만, 설립 이후에 과점주주가 되거나 지분율이 증가하면 취득세를 내야 한다.

(주)폼생디자인의 이대박 사장은 회사 설립 시 75%의 지분을 보유하고 있었는데, 그 이후 지분율이 80%로 높아졌다면 증가한 5%p에 대해 다음과 같이 취득세를 내야 한다. 다만 과점주주가 된 후 지분이 증가한 경우에는 최고 지분율보다 증가한 경우에만 취득세를 낸다.

- 과점주주의 취득세 = 취득세 과세 대상(부동산 등)금액 × (80% - 75%) × 취득세율

주식을 보유하면서 배당받으면 배당소득세가 부과된다

법인의 주식을 보유하여 배당을 받은 경우는 원칙적으로 금융소득인 '배당소득'에 해당한다. 이러한 배당소득에 대해 상장주식이든 비상장주식이든 차이 없이 모든 이자와 배당소득(금융소득)이 원칙적으로 2,000만 원을 넘어야 종합과세된다.

주식을 양도하면 양도소득세와 증권거래세가 붙는다

주식을 양도하여 부과되는 세금은 상장주식이냐 비상장주식이냐에 따라 양도소득세 과세 방법이 다르다. 소액주주(1% 또는 시가 50억 원 미만을 말한다. 단, 코스닥 시장은 2% 또는 50억 원 미만, 코넥스 시장은 4% 또는 50억 원 미만을 말한다. 한편 비상장주식 소액주주는 4%, 10억 원 미만을 말한다)로서 상장주식을 양도하는 경우에는 비과세되나, 대주주의 상장주식이나 비상장주식을 양도하는 경우에는 무조건 과세된다.

한편 주식을 양도하면 실제 양도가액의 3.5/1,000의 증권거래세가 발생한다. 예를 들어 김개미 씨가 비상장주식을 다음과 같이 양도한

경우 양도소득세와 증권거래세를 구해 보자.

- 2010년 1월 주당 5,000원으로 5,000주 취득
- 2025년 5월 주당 15,000원으로 5,000주 양도

① 양도소득세
- 산출세액

  [(15,000원 - 5,000원) × 5,000주 - 2,500,000원(양도소득 기본공제)]

  × 10%* = 4,750,000원

  * 중소기업 대주주는 20~25%를 적용함.

- 납부할 세액(지방소득세 포함)

  4,750,000원 × 110% = 5,225,500원

주식에 대한 양도차익은 실거래가로 계산한다(아래의 증권거래세도 필요경비로서 양도가액에서 차감되나 사례에는 미반영함). 그런데 비상장 주식회사의 주주들은 대개 액면가액으로 양도소득세를 신고하는 경향이 높다. 만일 양도 당시에 해당 회사의 손익이나 재무구조가 좋은 경우 비상장주식 평가에 의해 증여세 문제가 불거질 수 있다. 따라서 비상장주식 양도 시에는 이런 점을 사전에 검토할 필요가 있다. 주식 양도소득세율은 중소기업 외 주식을 1년 미만 보유한 대주주는 30%, 중소기업의 주식은 10%*, 그 외 주식에 대해서는 20%가 해당한다.

붙는 세금이
많아서
놀라셨다구요?

* 중소기업 대주주의 양도소득세율이 10%에서 20%로 변경되었다(2016년 1월 1일 이후 양도분부터 적용). 한편 2020년부터 상장 및 비상장법인의 대주주가 양도하는 주식의 과세표준이 3억 원을 초과한 경우 그 초과분에 대한 양도소득세율 25%가 적용된다.

한편 주식을 양도한 경우 반기 말의 2월 이내(기타 양도자산은 양도일이 속하는 달의 말일부터 2월 이내)에 예정신고를 의무적으로 해야 한다. 신고할 때는 주식매매계약서 사본을 첨부한다.

② 증권거래세

- 산출세액

(15,000원×5,000주)×3.5/1,000=262,500원

증권거래세는 거래가 있는 달의 반기 말부터 2개월 내에 주소지 관할 세무서장 등에게 주식매매계약서 사본을 첨부하여 신고·납부해야 한다. 현실적으로 비상장주식의 양도는 액면가로 취득하고, 액면가로 양도하여 양도소득세가 과세되지 않는 경우가 많다. 이럴 때는 양도소득세가 과세되지 않더라도 증권거래세는 과세된다.

법인기업이 배당과 관련해 알아 둬야 할 것들

1. 초과배당 증여이익에 대해 소득세·증여세 모두 과세

2021. 1. 1. 이후부터 주주가 자신의 지분비율을 초과하여 증여받은 경우 소득세와 증여세를 모두 과세한다.

현행	개정
초과배당에 대한 소득세와 초과배당에 대한 증여세 중 큰 금액	초과배당 증여이익에 대해 소득세·증여세 모두 과세 ① 초과배당에 대해 소득세 과세 ② (초과배당 - 소득세)에 대해 증여세 과세

2. 개인 유사법인의 초과 유보소득 배당 간주

2021년 1월 이후에 발생한 잉여금 중 사내에 유보한 소득이 세법에서 정하는 유보소득을 초과하는 경우 아래의 금액을 배당으로 간주하는 제도가 도입될 예정이었으나 업계 등의 반대에 부딪쳐 도입이 보류되었다. 다만, 분위기가 무르익으면 언제든지 재추진될 가능성도 있어 보인다.

• 배당 간주 금액=초과 유보소득(유보소득-적정 유보소득)×지분비율

가업 승계는 어떻게 해야 할까?

"조 과장 덕분에 요즘 회계와 세무 실력이 상당히 늘었어. 고마워."

이대박 사장이 조 과장에게 덕담을 건넸다.

"아, 아닙니다. 저야 뭐 맡은 바 업무를 충실히 했을 뿐입니다."

"그런가? 조 과장. 갑자기 궁금한 게 생겼네. 얼마 전에 협회에 가서 강연을 들었는데 중소기업을 승계하면 많은 세금을 부담한다는데, 왜 그리 세금이 많은지 설명 좀 할 수 있겠나?"

"……."

조 과장은 순간 말을 하지 못했다. 그에 대한 정보가 없었기 때문이다.

"사장님, 알아보고 답변을 드리겠습니다."

조 과장은 나름대로 이에 대한 정보를 인터넷에서 검색하고 책을 보았지만 딱히 관련 내용을 알 수 없었다. 그래서 하는 수 없이 든든세무법인의 고단수 세무사를 찾았다.

며칠 후 고 세무사는 나름대로 파악한 가업 승계에 대한 내용을 설명하기 시작했다.

"가업 승계는 기업의 경영권을 자녀 등이 이전받는 것으로서 이 과정에서 상속세나 증여세 등이 부과될 수 있습니다. 따라서 사전에 승계를 어떻게 할 것인지 치밀한 검토가 필요합니다. 자, 제가 사례를 들어 설명해 드릴 테니 같이 한번 연구해 보죠."

우량 법인기업의 주식을 보유하고 있는 경영자들은 주식을 자녀 등에게 상속이나 증여 또는 매매와 같은 방법을 거쳐 넘길 수 있다. 하지만 넘기는 과정에서 막대한 세금이 부담되므로 섣불리 실행하기가 힘든 것이 현실이다. 이에 정부는 가업 승계를 원활히 할 수 있도록 최근 상속세 제도 등을 개편하기에 이르렀다. 그렇다면 구체적으로 세금이 얼마나 떨어질 것인가.

예를 들어, 어떤 중소기업의 주식 가치가 100억 원이라고 하자. 그리고 주식을 모두 대표이사가 가지고 있다고 하자. 이 주식을 자녀에게 넘겨주려고 한다면 세금은 얼마가 나올까?

① 상속 때 이전을 하는 경우
상속세는 사망 때 남긴 재산에 대해 부과되는 세금이다. 보통 피상속인(사망자)의 재산이 10억 원 이상이면 과세되는데, 가업 승계에 대해서는 최고 600억 원까지 공제되므로 다른 일반 자산보다 세금을 줄일 수 있게 된다. 위의 주식이 100% 상속으로 이전되고 기타 재산은 없다고 하자. 그리고 상속공제는 배우자 공제와 일괄공제 등의 10억 원과 가업상속 공제를 받을 수 있다고 하자. 이러한 상황에서 상속세를 예측하면 다음과 같다.

개정 전	개정 후
상속재산 100억 원 -배우자 상속공제 등 10억 원 -가업상속 공제 70억 원 　(100억 원×70%, 한도 300억 원) =상속세 과세표준 20억 원×세율(10~50%) =산출세액 6억 4,000만 원	상속재산 100억 원 -배우자 상속공제 등 10억 원 -가업상속 공제* 100억 원 　(100억 원×100%, 한도 600억 원) =상속세 과세표준 0원×세율(10~50%) =산출세액 0원

* 가업상속 공제는 아래와 같이 한도가 있다.
· 피상속인이 10~20년 미만 경영 시: 300억 원
· 피상속인이 20~30년 미만 경영 시: 400억 원
· 피상속인이 30년 이상 경영 시: 600억 원

종전에 비해 6억 4,000만 원이 감소한다.

② 생전에 증여를 하는 경우

상속으로 주식을 이전하면 한꺼번에 많은 세금을 부담할 가능성이 높다. 그래서 상속세 부담이 클 것으로 예상되는 경우에는 미리 주식의 일부를 사전에 증여할 수도 있을 것이다. 그런데 이렇게 사전 증여를 하는 경우에는 증여일로부터 10년 이내에 상속이 발생하면 사전에

증여한 재산은 상속재산에 포함된다는 점에 유의할 필요가 있다. 따라서 사전 증여는 이를수록 좋다고 할 수 있다.

만일 위의 주식 중 일부인 10%를 사전에 성년인 자녀에게 증여한다고 하자. 이 경우 나중에 상속세는 줄어들 수 있겠지만 증여세가 크게 늘어날 수 있다. 증여세는 얼마가 나올 것인지 알아보자.

> 증여재산 10억 원
> - 증여공제 5,000만 원
> = 과세표준 9억 5,000만 원
> × 세율(10~50%)
> = 산출세액 2억 2,500만 원

※ 18세 이상의 자녀는 60세 이상인 부모의 가업 승계를 위해 사전에 600억 원까지 주식을 증여받을 수 있다. 이때 증여세는 주식 증여 재산가액에서 10억 원을 공제한 과세표준에 10%(과세표준 60억 원 초과분은 20%)의 세율을 적용한다. 이러한 사전 증여 재산가액은 상속시기와 관계없이 상속재산에 포함되어 정산된다(조세특례제한법 제30조의6). 참고로 2024년 세법 개정안에는 120억 원 초과분에 대해 20%를 적용하는 안이 포함되었다. 이 안은 확정되어 현재 그대로 시행되고 있다.

③ 자녀가 주식을 매수하는 경우

상속이나 증여는 상속인이나 수증인이 대가 없이 주식을 이전받는 방법이다. 이에 반해 매수는 자녀가 유상으로 주식을 이전받는 방식을 말한다. 따라서 일단 매수자는 기본적으로 주식을 인수할 수 있는 돈이 있어야 한다. 인수 자금이 부족한 경우에는 편법이 동원될 가능성이 높은데, 세법은 여러 가지 제도를 가지고 이를 규제하기 때문이다. 구체적으로 자금 흐름에 대한 출처조사나 저가양도 시 증여세 과세 제도 등이 있다.

앞의 예에서 주식 10%를 시가대로 매도하는 경우 세금은 얼마가 나올까? 비상장 중소기업의 대주주 주식에 대해서는 양도차익(10억 원 - 취득가액)의 20~25% 정도가 세금이므로 취득가액이 1억 원이라면 매도자는 약 1억 8,000만 원(9억 원×20%) 정도의 세금을 내야 한다. 다만, 중소기업의 대주주(지분율 4% 이상 등)에 해당하는 주식은 과세표준 3억 원 초과 시 그 초과분에 대해서는 양도소득세율이 25%이므로 이 경우에는 2억 1,000만 원(3억 원×20%+6억 원×25%)이 된다. 이 외에도 지방소득세가 양도소득세의 10%만큼 추가로 부과되며, 증권거래세가 3.5/1,000만큼 부과된다. 한편 매수자가 부담하는 세금은 없다.

④ 주식을 발행하여 인수하는 경우

앞의 방법들은 상속세나 증여세 그리고 양도소득세 등이 부과되므로 세금을 한 푼이라도 낮추고 싶을 때는 기업이 추가로 발행하는 주식을 자녀 등이 인수하는 방법을 취할 수 있다. 예를 들어 기업이 1만 주를 액면가액으로 추가 발행하고 이를 자녀가 저렴하게 인수하는 것이다. 하지만 이러한 거래에 대해서 세법은 부당행위계산 부인 제도나 증여세 등의 제도로 규제한다. 따라서 사전에 이런 문제들을 검토할 필요가 있다.

⑤ 새로운 기업을 설립하는 경우

이 방법은 일단 새로운 기업을 설립한 후 이전 대상이 되는 기업의 자산을 새로운 기업이 인수하거나 아니면 기존 기업과 새로운 기업이 합병하는 것을 말한다.

이상과 같이 기업을 자녀 등에게 승계할 때는 여러 가지 세금 문제에 봉착할 가능성이 높다. 따라서 가업 승계는 시간을 두고 충분한 검토를 한 후 시행하는 것이 바람직할 것으로 보인다.

주식 평가는 어떻게 하는 것인가?

앞의 내용을 통해 주식 가치가 얼마냐에 따라 관련 세금의 크기가 달라질 수 있음을 알 수 있었다.

그렇다면 주식은 어떻게 평가하는 것일까?

일단 거래소에서 거래되는 상장법인의 주식은 시장가격이 있으므로 주식을 평가하는 것이 그렇게 어렵지 않다. 하지만 거래소에서 거래되지 않는 비상장법인의 주식은 그렇지 않다. 객관적으로 이를 평가할 만한 척도가 없기 때문이다. 그래서 부득이 세법에서는 일반 법인의 비상장주식에 대해서는 아래와 같이 평가하도록 하고 있다.

$$1주당\ 평가액 = \frac{1주당\ 순손익가치 \times 3 + 1주당\ 순자산가치 \times 2}{5}$$

여기서 순손익가치는 과거 3개년도 기업의 손익으로 구한다. 순자산가치는 기본적으로 세법상 자산에서 부채를 차감한 가액을 말한다.

참고로 2018년 4월 1일 이후부터는 위의 식에 의해 계산된 주식 평가액이 순자산가치의 80%에 미달한 경우에는 다음과 같이 주식을 평가한다.

비상장주식 평가액 = Max(현행 가중 평균치, 순자산가치의 80%)

예를 들어 위의 가중 평균식에 의해 계산한 주식 평가액이 1만 원이고, 순자산가치가 2만 원이라면 2만 원의 80%인 1만 6,000원이 주식 평가액이 된다는 것이다. 이는 손익 등을 조작하여 주가를 낮추는 일을 방지하기 위해 도입된 것으로 보인다. 한편 2020년 이후부터 중소기업(중견기업 포함)은 할증 평가를 영구적으로 면제하며, 일반기업에 대해서는 지분율에 관계없이 20%로 할증 평가를 적용하고 있다(단, 2025년부터 일반기업에 대해서도 할증 평가가 면제될 가능성이 크다).

회사 살리는
세무리스크 관리법

매출, 생각 없이 탈루하지 마라

"투명 씨, 1층 맛나갈빗집 분위기가 초상집 같던데 왜 그러지?"

조억만 과장이 돈투명 씨에게 말했다.

"세무조사 맞아서 수천만 원을 추징당했대요."

"어쩌다가 그렇게 많은 돈을……."

"현금 매출을 속여서 신고했나 봐요. 그리고 일하지 않는 직원까지 포함시켜 신고하고. 아무튼 다른 데보다 장사 잘하면서도 세금에 대해서는 인색했나 봐요."

"저런, 매출을 누락하여 신고해도 과세당국이 마음만 먹으면 쉽게 매출을 추정할 수 있는 방법들이 많다는 걸 몰랐나 보군."

"과장님, 그걸 어떻게 알 수 있나요?"

(주)폼생디자인이 있는 건물 1층 맛나갈빗집을 예로 설명해 보자. 시설 규모는 4인 기준 테이블 20개이며, 테이블 1개당 평균 매출액은 10만 원이다. 현재의 종업원 수는 주방장을 포함하여 모두 15명이다.

맛나갈빗집은 일반과세자로서 1년간 신고된 매출액은 4억 원이었다. 이 중 3억 5,000만 원이 신용카드, 나머지 5,000만 원은 현금 매출이다.

먼저, 시설 규모와 종업원 수 등으로 매출액이 적정하게 신고되었는지 따져 보자.

- 시설 규모로 본 매출액 추정
  일일 매출액: 20개×10만 원×1.5회(회전율)=300만 원
  월 매출액: 300만 원×25일(영업일 수)=7,500만 원
  연간 매출액: 7,500만 원×12개월=9억 원
- 종업원 수로 본 매출액 추정
  인건비 추정: 15명×100만 원×12개월=1억 8,000만 원
  인건비로 본 매출액 추정: 1억 8,000만 원÷30%=6억 원

시설 규모로 본 1일 매출액 추정은 20개 테이블이 1.5회 회전되었다고 가정하고, 테이블당 가격인 10만 원을 적용하여 산출한 것이다.

한편 종업원 수로 본 매출액 추정은 음식업의 경우 인건비가 매출액에서 차지하는 비중이 30% 정도 됨을 이용하여 역산했다.

이상과 같은 방법으로 보면 맛나갈빗집은 매출액을 많이 누락시켰

을 개연성이 크다.

그렇다면 과세당국은 구체적으로 누락된 매출액을 어떻게 찾아내 과세를 하게 될까?

과세당국은 맛나갈빗집에 대해서 먼저 기본적인 조사를 한다. 즉 시설 규모, 업황의 호황 정도, 종업원 수, 원자재 매입량 등을 조사하게 된다.

다음으로는 구체적으로 매출액을 추계한다. 산정하는 방법은 동일 업종의 다른 동업자와의 균형에 의하여 계산을 하거나 원자재 매입량을 근거로 하거나 입회하여 조사하는 등의 방법이 동원될 수 있다.

그 결과 맛나갈빗집의 매출액이 6억 원으로 고쳐졌다고 하자.

개인기업이 누락한 매출에 대한 세금은 크게 부가가치세와 종합소득세이다. 법인기업이 누락한 매출은 부가가치세, 법인세, 대표이사의 소득세까지 영향을 줄 수 있다(매출 누락은 가장 심각한 영향을 준다).

여기에서는 개인기업의 경우만을 살펴보자.

부가가치세는 본세와 가산세(신고불성실 가산세 및 납부지연 가산세)로 추징된다.

- 본세: 누락된 매출 2억 원×10% = 2,000만 원
- 신고불성실 가산세: 2,000만 원×10% = 200만 원
- 납부지연 가산세: 2,000만 원×365일(가정)×2.2/10,000* = 약 160만 원
- 계: 2,360만 원

* 2022년부터 이 가산세율이 2.5/10,000에서 2.2/10,000으로 변경되었다.

소득세 또한 본세와 가산세로 추징된다. 그런데 소득세의 경우에는 누락된 매출액에 대한 매출원가(재료비 등)를 입증하지 못하면 매출액에 세율을 곱한 만큼 세금이 추징될 수밖에 없다.

- 본세: 누락된 매출 2억 원×38%=7,600만 원
- 신고불성실 가산세: 7,600만 원×10%=760만 원
- 납부지연 가산세: 7,600만 원×365일(가정)×2.2/10,000
  = 약 610만 원
- 계: 8,970만 원

이상과 같이 매출액의 누락으로 인해 추가되는 세금은 부가가치세와 소득세를 합하여 모두 1억 1,330만 원이 된다. 누락된 매출액의 50% 이상이 세금으로 추징되는 것이다.

가산세 강화

가산세 제도가 변경됨에 따라 앞의 맛나갈빗집의 부가가치세 및 소득세에 대한 신고불성실 가산세가 최고 40%까지 부과될 수 있다.

구분	현재
무신고 시	모든 세목: 부당 40%, 일반 20%
과소신고 시	모든 세목: 부당 40%, 일반 10%

참고로 위에서 부당 거래는 다음과 같은 유형을 말한다.

- 이중장부
- 실물거래 없이 비용 과다 계상
- 허위 기록·허위 증빙과 허위 문서 작성
- 장부와 기록의 파기
- 자산 은닉과 소득 원천의 은폐
- 통상적인 기록을 피하기 위한 업무의 조작적인 처리
- 통모에 의한 저가 평가 등

세무리스크를 올리는 행위들

- 매출을 누락한 경우
- 가공 매출을 장부에 계상한 경우
- 가공 경비를 장부에 계상한 경우(특히 3.3% 원천징수되는 사업자와 성실신고확인 대상 사업자들이 유의해야 함)
- 회사 경비를 사적으로 사용하는 경우
- 회사 경비를 과다하게 사용하는 경우
- 특수관계인과 거래를 부당하게 하는 경우
- 조세감면을 부당하게 받는 경우
- 주주 등에게 이익을 부당하게 분여하는 경우 등

이제는
비용 관리의 시대!

"사장님께서 주신 이 영수증은 처리가 안 됩니다."

조억만 과장이 이대박 사장에게 영수증 처리에 대한 이야기를 했다.

"아니, 왜?"

"사장님이 개인적으로 쓰신 걸 회삿돈으로 처리한다는 건 좀 문제가 있어서요."

"그래? 아니, 남들은 그렇게 하던데. 뭐 세금이 줄어든다나?"

"사장님, 그렇지만 저희 회사는 비용 지출 기준이 마련되어 있고, 이를 모두가 따르고 있는데 사장님이 어기시면……. 또 그렇게 세금 몇 푼 아낀다고 해도 정작 다른 데서 문제가 많이 생길 것 같네요."

"그래? 알아들었네. 역시 우리 조억만 과장한테는 못 당하겠군. 비용 지출 기준을 만들어 놓고도 어기려고 하다니……. 앞으로 사장인 나부터 솔선수범해야겠군."

회사를 운영하다 보면 개인이 사적으로 쓴 비용이 회사 경비와 섞일 가능성은 얼마든지 있다. 따라서 세무리스크를 줄이기 위해서는 사적인 비용은 가급적 줄이는 것이 좋다.

그렇다면 구체적으로 어떤 비용들이 문제가 될까?

① 기업주 및 그 가족이 개인 용도로 법인카드를 사용하는 경우

업무와 무관하게 법인카드를 사용하더라도 내부적으로 통제할 수 있는 시스템이 구축되어 있지 않으면 실무자 입장에서는 이를 받아들일 수밖에 없는 실정이다.

② 실제 근무하지 않는 가족의 급여를 지출한 경우

물론 대기업의 경우에는 원천적으로 봉쇄되지만, 개인사업자나 중소 규모 기업의 경우에는 세금 목적이나 현금 지출 목적으로 심심치 않게 일어난다.

③ 해외에서 취득한 부동산을 기업주 가족이 사용하거나 해외여행을 하면서 쓴 비용을 회사 경비로 올리는 경우

만약 그런 사실이 적발되면 회사 자금의 부당한 해외 유출에 대한 제재, 즉 해외 경비가 인정되지 않을 것이다.

④ 법인 명의의 골프 회원권 등을 가족이 사용한 경우

회사의 자산을 제3자가 사용한 것에 해당되는 경우이다. 현실적으로 이 같은 일이 일어나도 효과적으로 통제할 수 있는 방법이 거의 없다.

⑤ **집에서 지출한 비용을 회사 비용으로 처리하는 경우**

전기료, 전화료, 보험료, 소모품비 등이 그 예인데 전기료나 전화료 등은 사업장명이 다르기 때문에 처리가 불가하지만, 집에서 산 소모품에 대한 비용은 회사의 비용과 잘 구분되지 않는 점을 들어 일부가 처리되는 실정이다.

⑥ **그 밖에 개인적으로 쓴 비용**

예를 들면 친구들을 만나면서 쓴 밥값이나 술값을 회사의 비용으로 처리하는 것은 문제다. 하지만 현실적으로는 접대비 계정을 이용하여 회사 비용으로 처리되고 있다.

경비 지출 기준을 미리 만들어라

위에서 살펴본 경비 처리는 회계 처리를 하면서 어느 정도 걸러질 수 있다. 하지만 경비 처리를 하면서 정리하는 것보다는 집행하기 전에 미리 지침을 마련해 두고 처리한다면 회사 내에서 그 처리 여부를 두고 서로 실랑이를 벌이는 일을 많이 줄일 수 있다.

사전에 각 부서별, 개인별, 직위별로 접대비 한도액을 정해 놓고 사용하든지, 임직원을 불문하고 사적인 경비는 회사 비용으로 인정하지 않는다고 사규로 정해 놓아서 이를 지켜 나가는 것이 중요하다.

처음에는 지키기 힘들지 몰라도 점차 시행해 나가다 보면 회사의 내부 관리가 보이지 않는 곳까지 투명하게 되어 세무리스크도 줄어들고 밖에서 보는 시각 또한 호의적으로 바뀌게 될 것이다.

법인은 가지급금과 가수금을 파악하라

"조 과장, 급히 쓸 데가 있으니까 은행에서 100만 원만 찾아 줘요."

이대박 사장이 조억만 과장에게 말했다.

"사장님, 지난번에 가지고 가신 것도 아직 정리가 안 되었는데요."

"아, 그거? 조금 있다 정리할게. 그런데 조 과장, 그거 꼭 정리해야 돼? 얼마 전까지는 내 통장에서 맘대로 꺼내 써도 큰 문제가 없었는데 말이야."

"사장님, 누차 강조하지만 지금 우리 회사와 사장님은 별개입니다. 개인회사를 운영할 때는 사장님이 사업을 떠나면 바로 폐업이나 양도를 의미하지만, 지금처럼 법인인 경우에는 사장님이 떠나시더라도 회사는 남아 있기 때문에 개인사업 때와는 아주 다르답니다."

"허허, 그래? 나와 내 회사는 별개란 말이지? 그리고 회삿돈도 내 것이 아니다……."

이대박은 자조 섞인 투로 말을 이어 갔다.

"이렇게 빡빡하게 할 거면 괜히 법인 만든 것 아냐?"

"사장님, 그래서 얼마 전에 법인 세울 때 이런 문제를 충분히 검토하지 않았습니까? 단지 세금을 피하려고 법인을 설립했다가 이런 문제로 법인을 폐업하고 다시 개인회사를 설립하는 사람들이 많습니다. 따라서 회사의 업종이 법인에 맞지 않는 경우라든지 소규모로 운영해도 되는 경우에는 굳이 법인으로 만들 필요는 없습니다."

"그럼 조 과장, 내가 만일 이 돈을 안 갚는다면 어떻게 되나?"

사업자라면 당연히 회삿돈이 내 돈이라고 생각할 만하다. 하지만 문제는 자금 유출입을 잘못 관리하다 보면 세법상 불필요한 규제를 받게 된다는 점이다.

법인 대표이사가 돈을 빼서 써도 불이익을 받는다

법인을 운영하다 보면 회삿돈을 예산 및 회계 처리하지 않고 미리 꺼내 쓰는 경우가 있다(이를 '가지급금'이라 한다). 한편 회사에 돈이 부족해 대표이사 등의 돈을 대신하여 사용하는 경우가 있다(이를 '가수금'이라 한다). 이러면 장부상의 현금과 금고상의 현금 액수가 맞지 않게 된다. 이때 회계와 세무 측면에서는 다음과 같은 처리가 요구된다.

먼저, 회계 측면에서 살펴보자

가지급금과 가수금의 계정과목은 결산서에 나타낼 수 없다. 따라서 적절한 계정과목으로 대체해야 한다. 만일 대표이사가 개인적으로 가불한 경우라면 입금을 독촉하거나, 여의치 않으면 대여금 등으로 표시해야 된다. 또한 업무를 위해 지출한 경우라면 증빙을 첨부하여 적절한 계정과목으로 대체해야 한다. 한편 가수금은 차입금에 해당된다.

다음으로 세무 측면에서 살펴보자

가지급금에 대해서는 세법상 불이익을 주고 있다. 즉 업무용 가지급금에 대해서는 별다른 불이익이 없으나 대표이사 등 특수관계자의 가지급금에 대해서는 세법에 의해 계산한 금액(인정이자, 현재 인정이자율은 4.6%가 적용되고 있음)을 상여 처분하는 동시에 법인세 과세소득을 늘려(지급이자 손금불산입) 법인과 대표이사 모두에게 세금을 부과하는 불이익을 주고 있다.

위에서 인정이자란 통상 제3자에게 적용되는 이자 상당액으로서 그 계산 방법은 법으로 정하고 있다.

예를 들어 (주)폼생디자인이 이대박 사장에게 빌려준 자금에 대해 이자(인정이자)가 100만 원인데 이를 받지 않는 경우에는 이 100만 원을 회사 수익에 포함시키고, 대표이사가 이익을 본 것이므로 상여에 포함한다는 것이다. 한편 (주)폼생디자인이 차입금이 있는 경우 그에 대한 이자 일부는 비용으로 인정되지 않는다. 왜냐하면 차입금의 일부가 회사 업무보다는 개인의 용도로 유출되어서 이자비용을 모두 비용으로 인정하기 어렵기 때문이다.

따라서 대표이사가 회사 자금을 사용하는 경우에는 법인세와 근로소득세에 대해 세금이 부과된다.

그러한 불이익을 미리 방지하기 위해서는 개인과 법인을 분리해야 한다. 법적으로는 법인이나 실제 경영을 개인기업의 형태로 운영한다면 국세청 세무조사의 집중 관리 대상자로 선정될 위험이 높다.

앞에서도 말했듯이 자영사업자는 통장에서 생활비든 사업 운영자금이든 마음대로 꺼내 쓸 수 있다. 물론 경영 관리 목적상 개인 통장과 회사 통장은 엄격히 구분하여 사용해야 한다.

그렇다면 자영사업자가 쓰는 자금에 대해서는 아무런 규제가 없는 것일까?

세법은 자금을 차입하여 장부에 차입금을 계상하고 차입금 이자를 비용 처리한 자영사업자가 과도하게 현금을 인출한 경우라면 이자의 일부를 비용으로 인정하지 않는다. 이는 차입하여 이자를 비용 처리하면서 자금을 개인적인 용도(재테크나 기타 수단)로 사용하는 것을 방지하기 위해 마련된 제도이다. 물론 이자를 비용으로 계상하지 않으면 자금을 무리하게 인출하더라도 세법상 문제는 없다.

특수관계자인 가족에게
월급을 주는 방법

세법상 특수관계인인 가족이 같이 일한다면 급여는 어떻게 지급하고 그에 따라 어떤 영향이 나타날까?

먼저 다음과 같은 가정을 해 보자.

- 배우자 급여(월 200만 원)를 지급하고 비용으로 계상한다.
- 배우자 근로소득세 연말정산 시 소득공제는 400만 원이다.
- 4대 보험료는 급여 총액의 17%(2023년 이후는 18% 선)를 적용한다.
- 소득세율 24%를 기준으로 한다.

한편 절세 효과는 배우자의 급여와 4대 보험료의 1/2에서 발생한다고 가정한다.

위와 같은 예를 가지고 배우자를 직원으로 했을 때의 현금흐름을
예측해 보자(단, 4대 보험료율은 17%를 적용).

먼저 이는 다음과 같은 과정을 거쳐 계산되었다.

(단위: 천 원)

구분	현금흐름	비고
근로소득세	△301	연말정산 결과
4대 보험료	△4,080	연봉의 17%(본인＋회사 부담분)
절세 효과	6,249	급여와 보험료가 비용 처리되어 나타난 효과
계	1,859	현금 유입의 효과

① 근로소득세

- 근로소득금액 : 2,400만 원－885만 원(근로소득공제)＝1,515만 원

- 과세표준 : 1,515만 원－400만 원(소득공제)＝1,115만 원

- 산출세액 : 1,115만 원×6%＝66만 9,000원

- 납부할 세액 : 66만 9,000원－36만 7,950원(근로소득세액공제)
  ＝30만 1,050원

즉 배우자의 급여 지급으로 인한 세금 부담액은 대략 30만 원 정도
된다.

② 4대 보험료 : 2,400만 원×17%＝408만 원

4대 보험은 회사와 종업원이 같이 부담하는데, 이는 통상 급여의
17% 수준이다.

③ **절세 효과**: [2,400만 원+(408만 원×1/2)]×24%=624만 9,600원

배우자의 급여와 회사에서 부담한 4대 보험료가 비용으로 인정됨으로써 절세 효과가 나타난다.

그런데 위와 같은 절세 효과는 어느 사업체를 막론하고 무조건 발생할까? 그렇지 않다.

우선은 이익이 많이 나는 업체일수록 절세 효과가 크다. 따라서 이익이 나지 않는 경우에는 괜히 애꿎은 세금과 4대 보험료만 나가게 되는 것에 유의하자.

가족의 급여는 얼마가 적당할까?

위에서 살펴본 것처럼 소득금액이 많을수록 세금의 감소폭이 커진다. 같이 근무하는 가족이 있다면 정식으로 급여를 지급하되, 급여 수준은 업계의 평균 급여로 책정하는 것이 바람직하다. 왜냐하면 사업자의 소득을 부당하게 유출하는 것으로 판정될 때는 급여 중 일부를 비용으로 인정받지 못하기 때문이다(부당행위계산 부인). 이러한 행위는 모든 거래에서 발생할 수 있으므로 사전에 주의해야 한다.

세무조사 나올 확률 예측과 세무조사 대응법

"조 과장, 세무조사는 언제 나오는지 알아?"

"사장님, 글쎄요. 5년 동안 안 받았으면 나온다고 봐야죠?"

"그럼, 우리 회사는 이미 받고도 남았겠네? 지금 벌써 6년째 되었으니까……."

"제가 잘 모르겠네요. 세무사님께 물어볼까요?"

"고 세무사님, 오랜만이네요."

"반갑습니다."

"고 세무사님, 우리 회사도 이제 세무조사를 받을 것 같은데 언제 나올지, 어떤 대책을 세워야 하는지 알고 싶어서요."

"세무조사는 언제 나올지 아무도 모르지만 그래도 나올 가능성은 대략 예측할 수 있습니다. 예측 확률에 따라 대책을 수준별로 세워도 되고요."

"와! 그런 게 있다는 말씀이신가요?"

세무조사는 과세당국의 고유 권한이다. 예전에는 재수 없어서 세무조사 받았다는 말을 하는 경우가 많았다. 하지만 요즘은 여러 가지 분석 자료에 따라 세무조사 대상자를 선정하므로 이러한 광경은 많이 사라진 듯하다. 다만 언제라도 세무조사를 할 가능성이 있으므로 이에 대한 대비를 하고 있어야 한다. 대비를 한 사업자와 그렇지 않은 사업자 간에는 분명 큰 차이가 있다.

하지만 당장 내일모레 세무조사가 나온다고 바짝 엎드리고 있을 필요는 없다. 세무조사가 나올 가능성이 없다면 어느 정도 안심해도 되고, 높다면 미리 대비책을 세워 두면 되는 것 아닌가.

아래의 예를 보자. 세무조사가 나올 확률을 예측하기 위해 다음과 같은 분석틀을 이용하기로 한다.

여기서 항목은 세무조사 수감 연도, 현금수입 업종 여부, 순이익률, 인건비율 등이 된다. 가중치는 세무조사와 연관성이 높은 경우 20%, 보통 수준의 경우 10%, 낮은 경우 5%를 부여한다.

번호	항목	가중치	점수	확률
1				
2				
계				

한편 점수는 3등분(높음, 적정, 낮음)하여 유리한 경우 0점, 보통은 50점, 불리한 경우에는 100점을 부여한다. 단, 세무조사 수감 연도는 1~2년 전은 0점, 3~4년 전은 50점, 5년 전은 100점을 부여한다.

따라서 세무조사가 나올 확률은 각 항목의 가중치와 점수를 곱한 것을 합하면 된다.

분석 결과가 나오면 다음과 같은 세무조사 대책 관리를 한다.

- 확률 40% 미만 : 세무조사 나올 가능성 희박
- 확률 40~60% 미만 : 평소 일반적인 관리
- 확률 60~80% 미만 : 항목별 체계적 관리
- 확률 80% 이상 : 전문가를 통한 진단 및 관리

세무조사 나올 확률을 예측할 수 있다

다음의 표는 피부관리업을 하는 사업자의 세무조사 확률 예측을 보여 준 것이다.

이 피부관리실의 경우 세무조사가 나올 확률은 67.5%이다. 세무조사를 받을 가능성이 있는 것이다. 항목별로 체계적인 관리가 필요하다.

한편 동종업계의 평균에 대한 정보는 공식적으로 나온 것이 거의 없으나, 세무사 사무소에 의뢰하면 쉽게 얻을 수 있다. 다만 소득률의 경우에는 표준소득률이나 기준(또는 단순)경비율이 공시되고 있으므로 이를 활용하면 된다.

세무조사 나올 확률에 맞는 대책을 세워라

번호	항목	가중치	점수		확률
			점수	기준	
1	수감 연도	20%	50	3년 전	10%
2	현금수입 업종	20%	100	○	20%
3	매출 규모	5%	50	중간	2.5%
4	소득률(동종업계 대비)	10%	50	적정	5%
5	현금 대 신용카드 비율	10%	50	적정	5%
6	인건비율	5%	100	높음.	5%
7	감가상각 비율	10%	100	높음.	10%
8	판매관리 비율	10%	50	적정	5%
9	해외여행 빈도	5%	100	높음.	5%
10	부동산 취득 증가율	5%	0	낮음.	0%
	계	100%	–	–	67.5%

① 일반적인 관리(확률 40~60% 미만)

현행 당해 회사의 관리 방법을 유지하되, 미진한 부분을 보완하는 관리 수준을 말한다. 사업과 관련된 거래는 정확히 장부에 반영하여야 하고 그 거래에 관련한 증빙서류 또한 명확히 구비해야 한다. 일반적으로 규모가 있는 금액이나 오해의 소지를 불러일으킬 수 있는 지출 등의 증빙서류는 정규 영수증(세금계산서 등)을 받고 내부적인 품의서를 갖추어 두는 게 좋다.

어찌 되었건 이 수준이라면 세무조사를 받을 가능성이 떨어진다. 따라서 현재의 내부 관리가 적정하다고 판단된다.

② 체계적인 관리(60~80% 미만)

각 항목별로 세금 설계를 하여 전체적으로 세무조사가 나올 확률을 일반적인 관리 수준으로 낮추어야 한다. 이 단계에서는 항목별로 점검을 하고 대책을 수립하는 것이 필요하다. 특히 연초에 사업 계획을 세우고 분기별로 결산하는 등 문제점을 찾아내는 관리 과정을 수행하는 것이 효율적이다.

③ 전문가 관리(80% 이상)

사전 모의 세무조사를 통해 적극적인 대책을 수립해야 한다. 모의 세무조사자는 세무 당국의 시각에 따라 세무조사를 진행하므로 세무상 문제점을 정확히 도출하고 해결책을 제시할 것이다. 전문가의 시각에 따라 세무조사에 대한 불이익을 미연에 방지하는 효과가 있다.

여기서 한 가지 유의해야 할 사항은 확률이 아주 낮더라도 사안에 따라 세무조사 대상이 될 수 있다는 것이다. 예를 들어 과세당국의 기획 조사에 의해 특정 지역이 조사 대상에 포함되거나 탈세 제보 등 기타 사유에 의해 세무조사가 나올 가능성이 있다는 것이다. 여기서 제시한 분석들이 완전한 정보를 제공해 주는 것은 아니다. 따라서 보는 시각에 따라서 항목을 보완할 수 있을 것이고, 가중치를 달리할 수도 있을 것이다.

세무조사 통지서에 겁먹지 말라

세무조사가 나오기 전에 세무조사 예고 통지서를 받게 된다. 이 통지서를 받자마자 거래하고 있는 세무사 사무소에 연락을 취하자. 연락을 받은 세무사 사무소는 조사 연기가 가능한지 등에 대해 검토해주고 세무조사 과정에서 조력할 수도 있다.

한편 오해의 소지가 있는 불필요한 자료가 있거나 기타 정리가 안된 자료는 보완하도록 하자.

그렇다면 세무조사가 진행되는 중에는 어떻게 해야 되나?

세무조사가 진행되는 경우 조사 공무원은 조사에 필요한 내용을 확인하기 위해 질문 및 자료를 요구할 것이다. 이 경우 질문에는 정확한 답변을 해야 하며 필요하다면 내부 검토를 해야 한다. 자료를 제출하기 전에는 세 부담 여부 및 의도를 파악하여 대처해야 한다.

한편 세무조사가 끝날 즈음에는 결정서에 사인을 하게 된다. 사인하기 전에 내역이나 추징된 세금 등을 확인하도록 하자.

만약 세무조사의 결과에 승복할 수 없다면 세무조사 결과 통지를 받은 날로부터 30일 안에 '과세 전 적부심사'를 관할 세무서장에게 청구할 수 있다.

세금 잘 아는
회사가 성장한다

사업계획서를 작성하라

사업을 구상할 때 창업자가 가장 먼저 할 일은 업종 및 사업 아이템을 선정하는 것이다. 이는 사업의 성공 여부를 결정짓는 요소로, 업종 선정 등을 잘하려면 우선 자신의 적성 및 능력을 고려하고 다양한 정보를 수집하는 것이 중요하다. 정보를 얻기 위해서 자기 사업을 갖고 있는 사람들을 만나거나 창업센터에서 상담을 받는 것도 좋다. 그 밖에도 사업이 유망한지, 자본 규모에 맞는지 등 여러 가지 사항들을 검토해야 한다.

앞에서 살펴본 이대박의 경우, 업종 선택은 그가 직장 생활을 통해 경험한 것이 주효했다. 이대박은 인테리어 회사에서 기획 및 영업을 해 본 경험을 살려 인테리어 회사를 차렸다. 철저히 자신의 적성과 능력을 가장 먼저 고려한 결정이었으며 무한한 성장 가능성도 한몫 거들었다.

아이템을 골랐다면, 사업성에 대해 분석하고 사업계획서도 작성해야 한다. 사업계획서는 사업을 본궤도에 올리기 위한 준비 과정이다. 현재의 위치, 당면한 과제, 앞으로 벌어질 수 있는 여러 가지 문제점을 예상하고 미리 대처하기 위한 경영 도구이다.

일반적으로 사업계획서는 사업의 목적, 사업 아이템 선정, 주 고객과 경쟁자 분석, 초기 투자 계획과 자금계획, 상권 분석, 입지 선정 및 인테리어, 인원 계획과 수익성 계획 등으로 나누어서 작성한다.

다음은 이대박이 폼생디자인사를 창업하면서 겪게 되는 과정들을 살펴본 내용이다. 기업 형태의 결정, 자금과 사무실, 인원, 손익 계획 등이 구체적으로 짜여진 것을 보게 될 것이다. 이러한 항목들이 바로 사업계획서의 주요한 부분이 된다.

먼저 기업 형태의 결정 단계부터 보자.

이대박은 자신의 사업을 개인회사로 할지, 법인으로 할지 결정해야만 했다. 그쪽 분야는 대부분 법인으로 출발하는 경우가 많지만 이대박은 사업이 본궤도에 오르기 전까지는 개인 형태로 운영하고 나중에 법인으로 전환하는 것도 괜찮을 것 같았다. 그는 기업 형태를 어떻게 할 것인지 고단수 세무사에게 물어보았다. 고 세무사는 개인기업과 법인기업을 일반적인 사항과 세제 측면의 두 가지 관점에서 비교하며 설명해 주었다.

다음은 일반적인 상황에서 비교할 수 있는 내용을 정리한 표이다.

구분	개인	법인
규모	• 중소기업에 적합 • 소자본으로 창업 가능	• 일정 규모 이상으로 성장 가능한 유망 사업에 적합 • 주식회사 최저자본금제도는 폐지됨. (100원짜리 회사도 설립 가능)
설립 절차	사업자등록만으로 사업 가능(간단)	법인 설립등기 등 필요(복잡)
경영 활동	기업 활동이 자유롭고, 계획 변경 등이 용이	정부 규제가 뒤따르거나, 계획 변경 등이 신속하지 못함.
자금 운용	• 비밀 유지가 가능 • 자금조달은 개인 신용에 의존*	• 내부의 절차에 따름. • 자금조달이 원활(신주발행, 회사채 등)
책임	부채 등에 무한 책임	주주는 유한 간접책임
신용도 등	대외 공신력과 신용도 낮음.	대외 공신력과 신용도가 높음.

* 사업용 계좌 제도의 시행으로 거래의 투명성이 제고되고 있다.

세제 측면을 비교하면 다음과 같이 설명할 수 있다.

빠른 시간 안에 성장이 가능한 업종이나 향후 투자가들의 자금이 필요한 업종 또는 대외 신용도가 중요한 경우에는 처음부터 법인으로 하는 것이 좋다. 하지만 일반적으로 사업 규모가 작은 경우에는 개인 기업으로 출발한 다음 어느 정도 규모가 커졌을 때 법인으로 전환한다. 물론 나중에 법인으로 전환할 때, 그 절차가 복잡하고 비용이 추가로 들 수 있으므로 처음부터 법인으로 할 수도 있다.

인테리어업의 경우 사업의 질만 우수하다면 개인이냐 법인이냐에 크게 구애받지 않을 것이라고 판단한 이대박은 일단 개인회사로 출발하고 향후 연간 매출액이 15억 원이 넘었을 때 법인으로 전환하기로 했다.

구분		개인	법인
소득세 법인세	근거법	소득세법	법인세법
	과세 대상 소득	총수입금액 − 필요경비	익금총액 − 손금총액
	세율	6~45% (지방소득세: 소득세의 10%)	9~24% (지방소득세: 법인세의 10%)
	기장의무	수입금액에 따라 간편 장부 및 복식부기자로 구분	복식부기에 의해 작성
	세무회계 주요 차이	소득 개념은 소득 원천설	소득 개념은 순자산증가설
		부동산 처분 손익은 양도소득 세로 분류과세	부동산 처분 손익은 법인세로 과세
		대표자에 대한 인건비는 필요 경비로 인정 안 됨.	대표자에 대한 인건비도 비용으로 인정
		자금 초과 인출 시 초과 인출분 에 대한 지급이자 인정 안 됨.	지급이자에 대한 다양한 규제 있음.
기타 세목	부가가치세	반기별 2회 확정신고 (예정신고는 고지 납부)	분기별 4회 신고
	원천징수	원천징수	원천징수
외부감사 제도		적용되지 않음.	비상장 기업의 경우 4개 기준 중 2개 이상 충족하면 감사 대상임. • 자산 120억 원 이상, 부채 70억 원 이상, 매출액 100억 원 이상, 종업원 수 100인 이상

※ 잠깐!

최근 개인사업자들을 대상으로 전자세금계산서 의무 발급(매출 8,000만 원 이상), 성실신고확인(업종별 매출 15억 원, 7억 5,000만 원, 5억 원 이상), 사업용 계좌(업종별 매출 3억 원, 1억 5,000만 원, 7,500만 원 이상) 같은 제도들이 도입되었다. 이러한 제도들은 개인사업자의 소득 투명성을 높이기 위해 도입된 것으로, 궁극적으로 법인과 같은 세무회계 처리 수준을 요구하고 있다. 따라서 이에 해당하는 사업자는 법인 전환 등의 대책을 세우는 것이 좋을 것으로 보인다.

사업용 계좌(Business Account) 제도 자세히 보기

일정한 규모 이상이 되는 사업자가 사업과 관련하여 금융거래를 하는 경우에는 개인 계좌와 구분된 사업용 계좌를 사용해야 한다.

이 제도는 개인기업의 매출과 비용의 투명성 강화를 위한 것으로 과세당국은 이 통장을 토대로 세무조사 등을 진행할 수 있다.

그렇다면 이 제도는 누가 적용받고 어떤 식으로 진행되고 있는지 구체적으로 알아보자.

① 사업용 계좌를 개설해야 하는 사업자

이 제도를 적용받게 되는 사업자는 복식부기 의무자로서 다음과 같이 직전년도 매출액이 일정 금액 이상이 되어야 한다.

업종	직전년도 매출액
서비스, 부동산 임대사업자	7,500만 원 이상
제조, 건설, 음식, 숙박, 전기, 가스, 수도업, 운수, 창고업, 금융보험업, 소비자 용품 수리업	1억 5,000만 원 이상
도소매업, 농업, 임업, 광업, 어업, 부동산 매매업	3억 원 이상

또한 변호사업이나 변리사업 등 전문직 사업자는 매출액과 관계없이 무조건 이 계좌를 사용하도록 하고 있다.

② 신고는 어떻게 할까?

사업용 계좌는 기존 통장도 사용할 수 있으나 기존 통장에 금융기관에서 고무 도장 등으로 '사업용 계좌' 및 상호 등을 병기하여 사용한 후 추후 재발급 시 정상적인 사업용 계좌 통장을 발급해야 한다. 사업용 계좌는 사업장별로 여러 개의 통장을 만들 수도 있고, 1개의 계좌로 여러 개 사업장에서 사용할 수도 있으므로 통장 수에는 제한이 없다.

사업용 계좌를 신규로 개설한 사업자는 '사업용 계좌 개설(추가·변경) 신고서'를 작성하여 복식부기 의무자가 되는 해의 1월 1일~6월 30일(전문직 사업자는 다음 해 1. 1.~5. 31.) 내에 관할 세무서장에게 제출하면 된다. 본인이 사업장 소재지의 관할 세무서에 직접 가거나 대리인을 통해 제출해도 된다.

③ 어떤 거래가 적용 대상인가?

- 금융기관을 통해 거래대금을 결제하거나 결제받은 때
- 송금 및 계좌 간 이체
- 수표 및 어음으로 이루어진 거래대금 지급 및 수취
- 신용카드·선불카드·직불카드를 통한 거래대금 지급 및 수취
- 인건비 및 임차료를 지급하거나 지급받은 때(단, 신용불량자인 근로자나 불법체류자인 외국인에게 임금을 지급하는 경우에 대해서는 사업용 계좌 사용 거래 대상에서 제외)

④ 사업용 계좌 미개설 및 미사용 시 제재

- 사업용 계좌 미개설 시: 개설·신고하지 아니한 각 과세기간의 총수입금액의 1,000분의 2(0.2%)에 상당하는 금액을 가산세로 부과한다.
- 사업용 계좌 미사용 시: 사업용 계좌를 사용하지 아니한 금액의 1,000분의 2(0.2%)에 상당하는 금액을 가산세로 부과한다. 다만, 2019년부터 신규 사업장의 사업용 계좌를 미신고하고 기존 사업장 계좌를 사용하는 경우에는 해당 가산세를 부과하지 않는다.

내 돈과 남의 돈,
둘 다 잘 관리하는 방법

사업을 하려면 우선 자금이 필요하다. 아무리 사업 전망이 밝은 아이템이라고 해도 자금을 제때 조달하지 못하면 본격적으로 시작하기도 전에 가라앉고 말 것이다. 먼저 자금이 어느 정도 들어갈지 그 소요액을 파악하고, 어디서 자금을 받을 것인지 정한 후, 차후 상환 계획을 잡는다. 이렇게 자금 관리 계획을 세웠다면 처음부터 끝까지 체계적으로 진행해 나가는 것이 매우 중요하다.

이대박 사장은 자신의 사업에 들어가는 투자 금액을 대략 아래의 표와 같이 설정했다.

이러한 자금 소요 계획은 세부적인 항목과 소요 시기를 예측하여 스케줄을 만들어 관리하면 편리하다.

이대박의 투자 금액

항목	금액	비고
임차보증금	4,000만 원	임차료는 월 150만 원
CAD, CAM 등	2,000만 원	–
기타 장비	1,000만 원	–
내부 공사비	500만 원	–
책상, 가전제품 등	500만 원	–
권리금	–	–
기타 잡비	1,000만 원	소모품, 식비 등
예비비	1,000만 원	–
계	1억 원	–

자금 소요 계획

구분	12월 16일 (D-30)	12월 26일 (D-20)	1월 5일 (D-10)	1월 15일 (D-Day)	계
확보된 자금					
임차보증금					
CAM 등					
일일 지출 계					
잔액					

그렇다면 위와 같은 사업 자금은 어떻게 조달하는 것이 유리할까? 자신이 보유한 자금이 어느 정도 있다면 추가 조달은 그리 어렵지 않을 것이다. 다만, 사업 자금은 세무상 유의할 것들이 많다. 따라서 사업 초기에는 사업 자금조달 방법에 따른 세무 문제를 반드시 점검해야 한다.

사업 자금의 종류

구분	내용	비고
차입금	금융기관의 차입, 정부의 정책 자금	통상적인 조달 방법
증여	부모 등으로부터 증여를 받음.	증여세 문제
친지 대부	친척이나 친지로부터 차입	이자비용 처리 문제
자기 자본	자신이 보유한 자금	절세 효과 없음.

위 표에서 보듯이 사업 자금은 은행 차입금과 증여나 자기 자본 등으로 마련할 수 있다. 이 중 우리 주위에서 흔히 구할 수 있는 사업 자금은 은행 차입금이다. 다음에서는 각각의 방법에 대해 세법상 어떤 문제가 있는지 살펴보자.

금융권의 차입금은 통상적인 자금 마련 방법이다. 차입금 관리를 제대로 하면 차입 이자는 비용으로 인정받아 세금을 줄일 수 있다. 다만, 차입금의 용도가 사업과 관련 없는 지출(예 : 주택 구입 등)이라면 그에 대한 이자는 비용으로 처리되지 않는다. 따라서 반드시 사업주 명의(사업주가 아닌 경우 이자로 인정받기 힘들다)로 대출을 받고 차입금의 용도를 명확히 규명하여 그에 대한 입증 자료를 갖추어 놓는 것이 중요하다.

또 부모 등으로부터 증여받아 사업 자금을 마련할 수 있다. 이럴 때에는 증여를 받은 자(사업자)가 증여세를 신고해야 한다. 배우자로부터는 6억 원, 부모 등으로부터 5,000만 원까지 증여받은 경우에는 비과세가 되지만 그 금액들을 초과하는 경우에는 과세가 된다.

한편 친척이나 친지 등으로부터 개업 자금을 빌리는 경우 다음과 같은 조건에서 비용 처리가 된다.

- 원금 및 이자 지급에 대한 차입약정서(금액·이자율·이자 지급 시기 등)를 작성하고 송금 내용이 확인(통장)될 것
- 차입금 및 이자비용을 장부에 계상하고 용도가 사업 관련임을 입증할 것
- 차입 이자에 대해 27.5%로 원천징수하고 그 내역을 세무서에 신고할 것

개인 간의 거래에서 발생한 이자는 비영업 대금 이익으로서 총지급금액의 27.5%(지방소득세 포함)를 차감(원천징수)한 잔액을 지급해야 한다. 그러나 현실적으로 그렇게 하기가 쉽지 않기 때문에 친지 등에게 지급하는 이자는 비용으로 처리하기 힘들다.

이자가 발생하면 세금이 줄어든다

자기 자본을 가지고 사업하는 경우에는 이자비용에 대한 절세 효과 (Tax Shield Effect)가 거의 없다. 여기서 '절세 효과'란 이자비용이 과세소득을 줄여서 궁극적으로 세금의 크기를 축소시키는 것을 말한다. 따라서 이자비용이 장부에 많이 반영될수록 세금은 크게 줄어든다.

하지만 자기 자금이 있는데도 타인의 자본에만 의존하는 경우에는 빚 갚는 데 대부분의 시간을 보내야 할지도 모른다. 따라서 빚을 얻더라도 적당히 얻어야 한다.

그렇다면 적당한 빚은 어떻게 결정하면 될까?

이대박의 사례를 통해 자기 자본과 타인 자본의 비율을 어떻게 나누어야 할지 알아보자. 이는 효율적인 자금조달 방법을 알아보는 것

과 같다.

만약 이대박이 다음과 같이 자금을 조달할 수 있다고 하면 세무 측면에서 어떤 안이 가장 유리한지 차입 이자율 6%, 한계세율은 38.5%를 가정하여 살펴보자.

이 씨가 선택할 수 있는 자금조달 방법이 다음과 같다고 가정한다.

구분	구분	타인 자본	비고
대안 1	1억 원	-	전액 자기 자금 사용
대안 2	5,000만 원	5,000만 원	-
대안 3	-	1억 원	전액 부채 사용

각자의 대안에서 타인 자본(빚)의 이자비용에 대한 절세 효과와 순현금흐름은 다음과 같이 계산된다.

(단위: 원)

구분	타인 자본(①)	이자비용 (②=①×6%)	절세 효과 (③=②×38.5%)	순현금흐름 (④=②+③)
대안 1	-	-	-	-
대안 2	5,000만	△3,000,000	1,155,000	△1,845,000
대안 3	1억	△6,000,000	2,310,000	△3,690,000

대안 1은 사업 자금이 전액 자기 돈이므로 이자비용이 없고 절세 효과도 없다.

대안 2는 자기 자금과 타인 자금을 반반씩 운영하는 안으로, 여기서 생기는 이자비용이 비용으로 추가되어 세금을 줄여 주는 효과가 110만원 정도 발생한다.

대안 3의 절세 효과는 230만 원 정도 된다. 따라서 절세 측면에서는 대안 3이 유리하나 자금 지출 측면에서는 대안 1이 양호하다.

한편 은행에서 차입한 이자율은 6%이지만 이자가 비용으로 처리되어 과세소득을 줄여 주므로 결국 3.7%(순현금흐름÷타인 자본)의 이자율로 당초보다 낮은 금리로 차입금을 조달하는 결과가 된다.

그렇다면 이대박은 위와 같은 상황에서 어떤 결정을 내려야 할까? 절세 효과가 큰 3안을 선택할 것인가, 현금흐름이 유리한 1안을 선택할 것인가?

먼저 갖고 있는 현금에 대한 세금을 공제한 투자수익률이 자본 조달 비용을 웃도는지를 살펴보아야 한다. 즉 보유한 자금을 은행에 저축하거나 부동산이나 주식 또는 간접 투자 상품에 투자하여 나온 세후 투자수익이 자본 조달 비용인 이자비용보다 높게 나오는 경우에는 타인 자본을 모두 활용하는 것이 낫다. 이대박의 경우, 세후 투자수익률이 5%라면 실질 자본 조달 비용이 3.7%이다. 타인의 자본을 사업 자금으로 적극 활용하고 보유한 자금은 다른 곳에 투자하는 것이 합리적이다.

결국 자기 자본과 타인 자본의 선택은 투자수익률에 따라 달라진다.

인건비 계획만 잘 세워도 세금이 두렵지 않다

    대부분의 업종들이 마찬가지겠지만 어떤 사람을 쓰느냐에 사업의 성패가 걸렸다고 해도 과언이 아닐 것이다. 이에 폼생디자인사의 이대박 사장도 꼼꼼한 채용 계획을 짜기로 마음먹었다.

    먼저 이 사장은 사업 초기 회사 운영에 맞는 조직을 만든 다음 그 조직에 필요한 직무능력 및 인원수를 다음과 같이 분석했다. 다만, 업종의 특성상 관련법이 요청하는 기술 인력이 있는 경우 그때그때 채용하기로 했다.

    이대박 사장은 심사숙고한 끝에 폼생디자인사의 창업 연도에 필요한 인원과 채용 기준을 아래와 같이 마련하였다. 이제 이렇게 분석한 결과를 가지고 구체적으로 직원을 채용할 수 있다.

종업원은 매출에 직결된다. 또한 기타 비용이 지출된다. 따라서 가볍게 여길 수 없는 부분이다. 처음부터 회사에 맞는 사람을 뽑을 수 있도록 평소 채용 정보 수집에 관심을 가지고 있어야 한다.

직무군	최소 필요 인원 수	경력 정도	고용 형태	급여 형태
설계	3명	5년	정규직	연봉
시공	2명	5년	정규직	연봉
영업	1명	3년	정규직	고정급＋성과급
자재	1명	3년	정규직	고정급＋성과급
관리	1명	3년	정규직	연봉
계	6명	-	-	-

다음으로 인건비 계획을 세워 보자.

인건비를 좁게 해석하면 월급에 한정된다. 하지만 더 넓게 본다면 월급 외에 사회보험료, 복리후생비 등도 인건비에 해당된다. 여기에서는 좁은 의미의 월급 개념으로 접근해 보자. 폼생디자인의 연간 인건비 계획은 다음과 같다.

구분	인원수	평균 급여	총급여	비고
기술직	3명	2,500만 원	7,500만 원	-
영업직	1명	-	-	사장 급여는 제외
관리직	2명	1,500만 원	3,000만 원	일부는 성과급
계	6명	-	1억 500만 원	-

영업직은 사장인 이대박이 담당하므로 급여에서 제외했다. 개인사

업에서 사업주 본인에 대한 급여는 비용으로 인정되지 않기 때문이다. 하지만 실제 가족이 근무한다면 월급은 비용으로 인정된다. 다만, 가족 중 일부를 종업원으로 하는 경우에는 그 사람이 다른 회사에 종사하지 않아야 하고, 출퇴근 기록부라든지 기타 근무를 하고 있다는 것을 객관적으로 나타낼 수 있는 증빙 자료를 갖추고 있어야 한다. 참고로 2018년부터 최저임금이 대폭 인상되었으므로 이를 감안하여 인건비 계획을 세워야 한다. 신규 채용을 하면 인건비 외에 복리후생비 등이 지출되지만 각종 조세 혜택(통합고용세액공제 등)을 받을 수 있다. 이러한 제도를 검토해 보는 것이 좋다.

고용계약서는 꼭 필요한가?

대기업들은 고용계약서를 미리 작성하여 근로관계에서 발생하는 문제를 미리 방지하고 있다. 그런데 중소기업들은 고용계약서 자체를 잘 모르는 경우가 많다.

결론적으로 대기업이든 중소기업이든 고용관계를 확실히 해 두기 위해서는 사전에 계약하는 것이 좋다. 물론 고용계약서의 내용은 근로기준법에 어긋나서는 안 되며, 고용과 연봉을 한꺼번에 다룰 수 있다 (근로계약서 미작성 등의 경우 과태료가 부과될 수 있다).

고용계약서 등에는 계약 기간, 근무 및 휴게 시간, 급여액과 지급 방법, 퇴직금, 기타 안전 문제, 퇴직 시 사전 통보 문제 등이 기재된다.

추정 손익계산서와
추정 대차대조표를 작성하라

이대박 사장은 앞에서 검토한 투자 계획과 인건비 계획 등을 바탕으로 창업 연도의 손익 계획과 추정 손익계산서 및 추정 대차대조표를 작성할 수 있게 되었다. 물론 이러한 계획은 말 그대로 계획에 지나지 않으므로 시간이 지나감에 따라 돌발 변수가 발생하면 적절히 고쳐서 사용해야 한다.

회사의 사활이 걸린 판매 전략 세우기

판매는 경영의 전반에서 가장 중요한 부문 중 하나이자 다른 부문에 가장 많은 영향을 미치는 부문이기도 하다. 예를 들어 판매 계획에 따라 생산 계획이나 인원 계획 등이 뒤따르므로 판매 계획의 질에 따라 회사의 모습은 달라지게 된다. 따라서 판매 계획은 신중에 신중을 더하여 짜야 한다.

판매 계획은 동종업계 분석과 시장의 총규모 등을 근거로 하여 자사의 제품 등을 판매하기 위한 일련의 노력들을 종합하여 짠다. 폼생디자인사의 창업 연도 판매 계획을 살펴보자.

(단위: 천 원)

부문 매출액	인테리어 부문				기타 부문	합계
	학원	병의원	기타	계		
단가	10,000	30,000	5,000	–	100	–
건수	8	15	10	28	500	–
매출액 계	80,000	450,000	50,000	580,000	50,000	630,000
점유율	12.7%	71.5%	7.9%	92.1%	7.9%	100%

병의원 인테리어 부문이 전체 매출액에서 71.5%를 차지하는 것으로 보아 이대박의 폼생디자인사 주력 상품이 병의원 인테리어라는 것을 알 수 있다.

한편 이러한 판매 계획을 뒷받침하기 위해서는 철저한 마케팅 전략을 세워 마케팅 수단(광고·유통·판매촉진·홍보 등)을 적절히 활용할 수 있어야 한다. 마케팅을 하느냐 하지 않느냐에 따라 회사의 성과는 크게 차이가 날 것이다.

다음으로 비용 계획을 보자.

비용 계획은 사전에 각 항목별 집행 근거를 기준으로 정한다. 다음의 표는 폼생디자인사의 연간 경비 지출 계획을 정리한 것이다.

예를 들어 아래의 경비 지출 계획 중 여비교통비는 어떻게 산출되었는지 살펴보자.

연간 경비 지출 계획

(단위: 천 원)

계정과목		금액	산정기준
매출원가		378,000	매출액의 60% 수준
판매관리비	인건비	105,000	인원 및 인건비 계획에 의거
	감가상각비	8,000	5년 정액법 상각
	복리후생비	10,500	인건비의 10% 수준
	임대료	18,000	월 150만 원
	통신비	6,000	월 50만 원
	여비교통비	7,800	월 65만 원
	차량유지비	6,000	월 50만 원
	접대비	12,000	월 100만 원
	사무용품비	4,200	월 35만 원
	기타	12,000	잡비 성격
	계	189,500	–
이자비용		3,600	–
총비용 계		571,100	–

① 산출 기준

- 시내 외근: 대중교통 이용 800원/1회
- 지방 출장비: 기차 요금, 숙박비 50,000원/일

② 월 산출 내역

- 외근비: 왕복 1,600원×2명 기준×15회=48,000원
- 출장비: 1회당 1명 평균 100,000원×2명×3회=600,000원
- 계: 648,000원/월

회사에서 지출하는 비용은 크게 매출액에 비례하는 변동비와 매출액과는 관계없이 고정적으로 발생하는 고정비로 구분할 수 있다. 물론 고정비 중 일부(사무용품비나 통신비 등)에는 매출액에 변동하는 성격도 일부 포함되어 있으나 편의상 이를 구분하지 않았다.

이번에는 폼생디자인사의 창업 연도를 비롯하여 향후 3개년의 추정 손익계산서를 만들어 보자. 추정 손익계산서는 내부 관리를 위해 작성되며, 경영성과를 바탕으로 작성되는 손익계산서는 외부에 보고할 목적으로 작성된다.

폼생디자인사의 추정 손익계산서

(단위: 천 원)

구분	1차 연도	2차 연도	3차 연도	비고
매출액	630,000	787,500	984,375	매년 25% 성장 가정
매출원가	378,000	472,500	590,625	매출액의 60%
매출총이익	252,000	315,000	393,750	–
판매관리비	189,500	228,500	267,500	매년 3,900만 원 인상
영업이익	62,500	86,500	126,250	–
영업 외 수익	–	–	–	–
영업 외 비용	3,600	3,600	2,400	–
소득세 차감 전 순이익	58,900	82,900	123,850	–
소득세 등	6,075	11,736	24,407	6~45%
당기순이익	52,825	71,164	99,443	–

위에서 매출총이익은 매출에서 매출된 상품이나 제품의 원가를 차감한 것이다. 이 매출총이익은 기업에서 가장 중요한 이익 원천을 나타내므로 손익계산서에서 제1차 구분으로 표시된다. 소득세 차감 전

순이익은 영업이익에서 영업 외 수익을 더하고 영업 외 비용을 차감하여 산정한 금액으로서 기업의 현금 창출 능력을 의미한다. 마지막으로 당기순이익은 소득세 차감 전 순이익에서 세금을 차감한 금액으로서 최종적으로 사업자가 향유할 수 있는 소득을 말한다.

한편 소득세 등은 과세표준의 크기에 따라 6~45% 세율로 적용하는데, 위에서는 소득세 차감 전 순이익에서 종합소득공제를 일률적으로 1,000만 원씩 적용한 후 산출하였다. 예를 들면 1차 연도의 세금은 다음과 같이 계산되었다(단, 지방소득세는 제외).

- 과세표준: 58,900,000원 − 10,000,000원 = 48,900,000원
- 산출세액: 48,900,000원 × 24% − 5,760,000원 = 6,075,000원

대차대조표는 어느 특정 시점에서 회사의 재무상태를 표시하는 표로서 회사의 자산이 부채(빚)와 자기 자금 중 어떤 것으로 구성되어 있는가를 보여 준다. 이러한 대차대조표는 사업 자금을 신용보증기금이나 기타 금융권에서 빌릴 때 제출해야 하는 표이므로 사업주라면 자기 회사의 자산이 얼마나 되는지 파악하고 있어야 한다. 참고로 현재 대차대조표는 재무상태표로 불리지만 대차대조표로 불러도 큰 문제가 없다는 점도 알아 두기 바란다.

폼생디자인사의 추정 대차대조표

(단위: 천 원)

현금예금	2,015	차입금	60,000
재고자산	–	부채 계	60,000
미수금	32,000	출자 자본금	–
시설장비 등	40,000	이익잉여금	52,384
임차보증금	–	인출금	(38,369)
		자본 계	14,015
자산 계	74,015	부채와 자본 계	74,015

폼생디자인사의 1차 연도 추정 대차대조표를 약식으로 보자. 대차대조표에서는 자산의 합계와 부채 및 자본의 합계가 일치한다.

자산 항목을 살펴보면 먼저 시설장비 등은 감가상각비로 비용 처리된 것을 제외한 잔액이다. 또 임차보증금은 현재의 사무실을 얻는 데 들어간 보증금이다.

한편 부채와 자본을 보면 차입금은 초기 사업 자금 중 대출받은 금액을 나타낸다. 관련법이 최소한 자본금을 요구하는 경우에 써내는 출자 자본금은 여기에서는 편의상 나타내지 않았다. 이익잉여금은 앞에서 살펴본 손익계산서상의 당기순이익을 표시한 것이다. 당기순이익은 쉽게 말해 내 돈이므로 자기 자금인 자본란에 표시된다.

마지막으로 개인사업자의 경우에는 법인과 달리 인출금이란 계정과목이 있다. '인출금'이란 개인사업주가 사업 중에 현금을 수시로 인출할 때 사용하는 계정과목을 말한다.

재무제표 보는 법을 익혀라

"사장님, 재무제표 볼 줄 아시죠?"

만일 당신이 실무 담당자로부터 이런 질문을 받았다면 어떻게 대답하겠는가? "감히 나를 어떻게 알고 저래?" 하고 말할 것인가? 아니면 "그럼, 당근 알지" 하고 말할 것인가?

재무제표란 개인회사의 경우 주로 손익계산서와 대차대조표, 현금흐름표를 뜻한다. 물론 법인회사의 경우에는 앞에 말한 것을 제외하고도 자본변동표 등이 더 포함된다. 특히 개인회사에서 재무제표는 소득세 산정의 출발점이자 때로는 자금을 조달할 때의 제출 자료나 사업을 양수도할 때의 기초 자료로 경영 진단을 할 때에도 유용하게 쓰인다. 이처럼 재무제표는 매우 중요하다.

경영자에게 재무제표는 항해할 때 반드시 필요한 나침반과 같다. 따라서 사업자는 자기 회사와 관련된 중요한 재무나 경영 전반을 재무제표를 통해 읽을 수 있어야 한다. 재무제표를 읽을 수 없다면 경영을 제대로 하지 못한다는 오명을 쓰기 쉽다.

이름뿐인 사장이 아니라 능력 있는 경영자가 되려면 지금부터라도 직원이나 세무사 사무소에서 보고한 회사의 재무제표를 읽어 보자.

손익계산서 읽는 방법

손익계산서는 말 그대로 손익을 계산하는 표를 말한다. 조그만 가게를 운영하더라도 이윤이 남았는지 안 남았는지를 알아보기 위해 전자계산기를 두드린다. 하물며 어느 정도 기업의 틀을 갖춘 회사를 운영하고 있다면 정기적으로 손익을 계산해야 제대로 회사를 운영할 수 있다.

다음의 표는 따끈보일러사의 손익계산서이다. 이 표를 어떻게 읽어야 할지 살펴보자. 참고로 당기손익 내용은 전기의 왼쪽에 있다.

첫째, 당기순이익과 매출 증가율을 보자

다음의 손익계산서를 보면 당기순이익은 제1기에 비해 대폭 상승하였다. 또한 매출액 증가율은 70%(매출 증가액÷전기 매출액)에 불과하지만 당기순이익 등의 증가율은 그보다 훨씬 높은 390%(당기순이익 증가액÷전기 당기순이익)를 보이고 있다. 이는 매출액이 급격히 증가하였는데도 관련 비용들의 지출이 상대적으로 적었기 때문에 당기순이익이 많아졌다고 해석할 수 있다.

손익계산서

제2기 2025년 1월 1일부터 2024년 12월 31일 현재
제1기 2024년 1월 1일부터 2023년 12월 31일 현재

회사명 : 따끈보일러사   (단위 : 천 원)

계정과목	제2(당)기		제1(전)기	
	금액		금액	
Ⅰ. 매출액		424,000		249,700
상품매출	324,000		179,700	
기타매출	100,000		70,000	
Ⅱ. 매출원가		29,000		23,500
기초 상품 재고액	1,500		–	
당기 매입액	35,000		25,000	
기말 상품 재고액	7,500		1,500	
Ⅲ. 매출총이익		395,000		226,200
Ⅳ. 판매관리비	50,000	251,500	30,000	188,200
직원급여	20,000		10,000	
상여	10,000		5,000	
잡급	3,000		2,000	
퇴직급여	14,000		6,000	
복리후생비	8,000		5,000	
접대비	3,600		1,000	
세금과 공과금	50,000		50,000	
감가상각비	36,000		36,000	
지급임차료	5,000		4,500	
차량유지비	15,000		12,000	
소모품비	12,700		10,700	
지급수료	1,000		500	
광고선전비	8,000		3,000	
사무용품비	15,200		12,500	
기타				
Ⅴ. 영업이익		143,500		38,000
Ⅵ. 영업 외 수익				
잡이익				
Ⅶ. 영업 외 비용		11,000		11,000
이자비용	11,000		11,000	
기부금				
Ⅷ. 소득세 차감 전 순이익		132,500		27,000
Ⅸ. 소득세 등				
Ⅹ. 당기순이익		132,500		27,000

둘째, 당기순이익과 현금흐름의 관계를 보자

위에서 살펴본 당기순이익은 현금과는 차이가 있다. 당기순이익은 경영 성과를 측정하는 것이므로 현금과는 상관이 없는 감가상각비 등의 금액이 포함되어 있기 때문이다.

셋째, 당기순이익과 세금의 관계를 살펴보자

당기순이익은 세금의 크기에 직접적으로 영향을 미친다. 물론 당기순이익을 과세소득으로 바꾸는 작업(세무조정)과 소득공제 적용이 추가로 남아 있지만 큰 영향을 주지 못한다. 따라서 대부분의 사업자에게는 사전적으로 처리할 수 있는 계정과목 설계와 올바른 회계 처리가 중요하다.

제2기의 세금은 소득공제를 1,000만 원 받는다면 2,743만 원(1억 2,250만 원×35%−1,544만 원) 정도가 된다.

넷째, 매출액 순이익률을 동종업계와 비교해 보자

매출액의 순이익률은 당기순이익을 매출액으로 나눈 비율이다. 이 비율은 과세당국의 소득세 불성실 신고 분석 자료로 이용되므로 동종업계의 비율과 심하게 차이 나지 않도록 신경 써야 한다. 여기에서 동종업계의 순이익률은 과세당국이 정하고 있는 표준소득률이나 단순 또는 기준경비율 등을 이용하여 비교하면 큰 차이는 없다.

예를 들어 이 회사가 속한 업종에 대해 과세당국이 정하고 있는 소득률이 40%라면, 1기에 11%(2,700만 원÷2억 4,970만 원), 2기에 31%이므로 과세당국과 차이가 난다. 회계를 처리하는 과정에서 문제점이 없었는지 다시 한번 점검해 보자.

다섯째, 계정과목별로 점검하자

앞의 것들은 거시적으로 접근한 것이라면 이제는 각 계정과목별로 문제점을 파악할 수 있어야 한다. 예를 들어 어떤 계정과목의 금액이 작년보다 많이 증가했다면 왜 그런 것인지 따져 보아야 한다.

어려운 대차대조표(재무상태표) 쉽게 읽는 방법

첫째, 회사의 자산과 부채 및 자본을 보자

대차대조표를 보면 제1기의 경우 당해 사업을 운영하는 데 필요하여 구입한 자산 총액은 2억 6,320만 원이고 그중 타인(은행 등)에게 갚아야 하는 금액은 2억 3,520만 원이며, 자기 자금은 2,800만 원이다. 즉 1기 말에 형성된 자산은 부채와 자본으로 구성되어 있다. 여기서는 자기 자금이 부실하므로 앞으로 부채를 갚는 데 치중해야 한다.

둘째, 대차대조표로 이익을 읽어 보자

대차대조표의 자본금에는 당기순이익이 포함되어 있다. 1기에는 2,700만 원, 제2기에는 1억 3,250만 원이다. 따라서 2기 당기순이익은 다음과 같이 측정해 볼 수 있다.

- 당기순이익 : 기말 자본액 - 기초 자본액

    = 160,500,000원 - 28,000,000원 = 132,500,000원

대차대조표

제2기 2025년 12월 31일 현재
제1기 2024년 12월 31일 현재

회사명 : 따끈보일러사

(단위 : 천 원)

계정과목	제2(당)기		제1(전)기	
	금액		금액	
자산				
Ⅰ. 유동자산		157,500		3,200
(1) 당좌자산		142,500		1,700
현금 및 현금등가물		125,000		700
미수금		12,000		800
선납세금		5,000		200
(2) 재고자산		15,000		1,500
상품		15,000		1,500
Ⅱ. 비유동자산		210,000		260,000
(1) 투자자산		60,000		60,000
임차보증		60,000		60,000
(2) 유형자산		150,000		200,000
비품	100,000		100,000	
감가상각누계액	40,000	60,000	20,000	80,000
시설 장치	150,000		150,000	
감가상각누계액	60,000	90,000	30,000	120,000
자산 총계		367,500		263,200
부채				
Ⅰ. 유동부채		22,000		53,200
외상매입금		5,000		13,200
미지급금		14,000		38,000
예수금		3,000		2,000
Ⅱ. 비유동부채		185,000		182,000
퇴직연금 부담금		5,000		2,000
장기차입금		180,000		180,000
부채 총계		207,000		235,200
자본				
Ⅰ. 자본금		160,500		28,000
자본금		159,500		27,000
(당기순이익)				
전기 : 27,000				
당기 : 132,500				
인출금		1,000		1,000
자본 총계		165,000		28,000
부채와 자본 총계		367,500		263,200

기말 자본액은 지금까지의 당기순이익을 포함하고 있으므로 여기에서 기초 자본액을 차감한 잔액이 곧 당기순이익이다. 따라서 손익계산서상에서 손익이 정해져야 대차대조표가 결정된다.

셋째, 자산에 있는 각 항목을 검토하자

유동성 배열법에 따라 현금화 속도가 빠른 자산이 위쪽, 현금화 속도가 느린 자산이 아래쪽에 배열된다.

① 유동자산과 비유동자산의 분류 기준

유동자산과 비유동자산의 구분은 대차대조표일(예: 12월 31일)로부터 1년 이내에 현금화할 수 있으면 유동자산으로, 그렇지 않으면 비유동자산으로 분류한다.

② 유동자산은 다시 당좌자산과 재고자산으로 분류된다

당좌자산은 판매 과정을 통하지 않고 현금화되는 자산으로서 현금 및 현금등가물(보통예금 포함), 단기금융상품(CD 등), 유가증권(주식이나 채권), 매출채권(외상매출금이나 받을 어음), 단기대여금, 미수금, 선급금, 선급비용 등이다. 한편 재고자산은 판매 과정을 통하여 현금화되는 자산으로서 상품이나 제품 등이 해당된다.

③ 비유동자산은 투자자산, 유형 및 무형자산으로 구분된다

투자자산이란 투자 수익을 얻을 목적으로 보유하는 자산 또는 자금의 예치보증금과 같은 고정적 성격의 자산을 말한다. 예를 들어 투자유가증권(투자주식이나 채권), 임차보증금 등이 있다. 앞의 대차대조표에서 투자자산에는 임차보증금 6,000만 원이 있다.

유형자산은 영업 활동에 사용할 목적으로 보유하는 자산으로서 비품이나 시설 장치 등이 대표적이다. 무형자산은 장기간에 걸쳐 경제적 효익을 가져올 것으로 예상되는 자산으로서 물리적 실체가 없는 자산(예: 영업권)을 말한다.

넷째, 평소 부채를 정확히 파악하자

대차대조표를 보면 부채는 유동부채와 비유동부채로 나누어진다. 여기서 유동부채는 대차대조표일로부터 1년 이내에 만기가 닥쳐오는 부채를 말하며, 비유동부채는 1년 후에 만기가 도래하는 부채를 말한다.

① 유동부채는 외상매입금과 미지급금, 예수금 등으로 구성된다

외상매입금은 상품이나 제품을 외상으로 구입할 때의 대금 지급 의무를 나타내며, 미지급금은 상품이나 제품 외의 품목을 공급받으면서 대금을 추후에 지급할 때 사용되는 계정이다. 예를 들어 인테리어를 한 후에 대금의 일부가 지급되지 않았다면 아직 지급되지 않은 금액을 미지급금으로 처리한다.

한편, 예수금이란 일반적 상거래 이외에서 발생한 채무이다. 직원에게 급여 지급 시 공제한 소득세나 건강보험료 등이 예수금에 해당한다.

② 비유동부채에는 퇴직연금 부담금, 장기차입금 등이 있다

퇴직연금 부담금은 직원이 퇴직했을 때 지급해야 하는 퇴직연금을 미리 비용으로 처리하기 위해 계상하는 항목을 말하며, 장기차입금은 은행 등에서 빌린 자금을 기록하는 과목이다.

1기 부채를 보면 조만간에 갚아야 할 금액(유동부채)은 5,320만 원이고, 1년 이후에 상환되는 장기차입금 등의 비유동부채는 1억 8,000만 원이다. 일반적으로 이런 부채들은 당해 사업소득의 일부로 갚는다.

다섯째, 자기 돈이라고 할 수 있는 자본계정을 살펴보자

일반적으로 자본계정은 당해 사업을 하기 위해 출자한 금액과 당기순이익으로 이루어진다. 그런데 개인사업자의 경우에는 법인과 달리 인출금이란 계정과목이 따로 있다. '인출금'이란 사업주가 기업의 현금을 수시로 인출할 때 사용하는 계정과목이다. 인출금이 과도한 경우에도 이를 규제하지 않으면 업무와 관련 없는 비용을 인정하는 결과를 낳기 때문이다.

한편, 개인사업자가 신용보증기금이나 은행 등에서 자금을 대출받

을 때 재무제표를 제출하면서 인출금이라는 계정과목에 대해 설명을 해야 할 때가 있다. 이때는 다음의 기준을 제시하면 된다.

대차대조표상의 자산에 있는 인출금(또는 자본란에서 마이너스로 되어 있는 인출금)은 부채를 초과하여 인출한 자금이므로 과도하게 인출되었다는 것을 의미한다. 반대로 자본금 계정에 있는 인출금은 인출되지 않고 남아 있는 자기 자금을 뜻한다. 결론적으로 자본금에 있는 인출금이 클수록 그 기업의 재무구조는 튼튼하다고 판단할 수 있다.

TIP

일반기업회계기준과 국제회계기준

현재 국내의 상장기업들은 국제회계기준(K-IFRS), 그 외 기업들은 일반기업회계기준(Local GAAP)에 따라 회계 처리를 하고 있다. 물론 개인사업자 및 비상장 기업들도 국제회계기준을 사용할 수는 있으나 실익이 거의 없어 대부분 종전의 회계기준(GAAP)과 유사한 일반기업회계기준을 사용하고 있다.

참고로 외부감사를 받지 않는 중소기업들은 2014년 1월 1일 이후 최초로 시작되는 회계연도부터 법무부에서 마련한 '중소기업회계기준'에 따라 회계 처리를 하도록 하고 있다.

합법적으로 세금 안 내는 110가지 방법 · 기업편

초판 1쇄 발행 2003년 11월 15일
초판10쇄 발행 2004년 1월 5일
2판 4쇄 발행 2006년 4월 15일
3판 4쇄 발행 2007년 7월 10일
4판 1쇄 발행 2008년 1월 1일
5판 3쇄 발행 2009년 12월 30일
6판 2쇄 발행 2011년 6월 15일
7판 2쇄 발행 2013년 9월 5일
8판 2쇄 발행 2014년 6월 30일
9판 2쇄 발행 2015년 3월 5일
10판 3쇄 발행 2016년 9월 20일
11판 1쇄 발행 2017년 1월 5일
12판 1쇄 발행 2018년 1월 5일
13판 1쇄 발행 2019년 1월 10일
14판 2쇄 발행 2020년 6월 30일
15판 1쇄 발행 2021년 1월 5일
16판 1쇄 발행 2022년 1월 5일
17판 1쇄 발행 2023년 1월 5일
18판 1쇄 발행 2024년 1월 5일
19판 1쇄 발행 2025년 1월 3일

지은이 신방수

펴낸이 김연홍
펴낸곳 아라크네

출판등록 1999년 10월 12일 제2-2945호
주소 서울시 마포구 성미산로 187 아라크네빌딩 5층(연남동)
전화 02-334-3887 팩스 02-334-2068

ISBN 979-11-5774-767-2 03320